Peter Rasch & Team

GARTEN DOCS

Alles im grünen Bereich

Geniale Antworten auf die wichtigsten Gartenfragen

Pflanzengesundheit

Die Umwelt schützen und von ihr profitieren: Hier erfahren Sie, wie Sie den Kreislauf der Natur für sich arbeiten lassen können

Seite 100

Schritt für Schritt zum Gartenglück – mit den Garten-Docs an Ihrer Seite

Ob wildromantischer Garten, aufgeräumtes Gemüsebeet, Balkon-Oase oder Fensterbank – wo was wächst, da blüht der Mensch auf!
Doch was tun, wenn der Zierstrauch sich ziert, der Rasen vermoost und der Dünger der Tomatenernte schadet? Ob Invasion der Schädlinge, vertrocknete Kletterpflanze oder lästiger Pilzbefall – manchmal wächst uns der Garten einfach über den Kopf. Mit diesem Buch werden Sie zum Gartenprofi! Immer im Blick: Machbarkeit, Kosten und Spaß, wie in unserer Sendung Garten-Docs im NDR.

Niemand kommt mit einem grünen Daumen auf die Welt. Aber: Der Weg zum rundum gelungenen Garten, zum echten Gartenglück steht uns wirklich allen offen. Nehmen Sie dieses Buch doch einfach mal mit hinaus und blättern Sie querbeet. Genießen Sie Ihr kleines Refugium und beobachten Sie, was da so alles passiert. Wir geben Ihnen Hilfestellung von Anfang an. Im Handumdrehen machen Sie bald Ihre eigene Bodenanalyse oder optimieren den Komposthaufen. Von der pfiffigen Bewässerungshilfe für Faule über den Traumteich bis zur Rettung Ihres geliebten alten Obstbaums – die Garten-Docs sind an Ihrer Seite.

Herzlich

P. Rasch

Peter Rasch

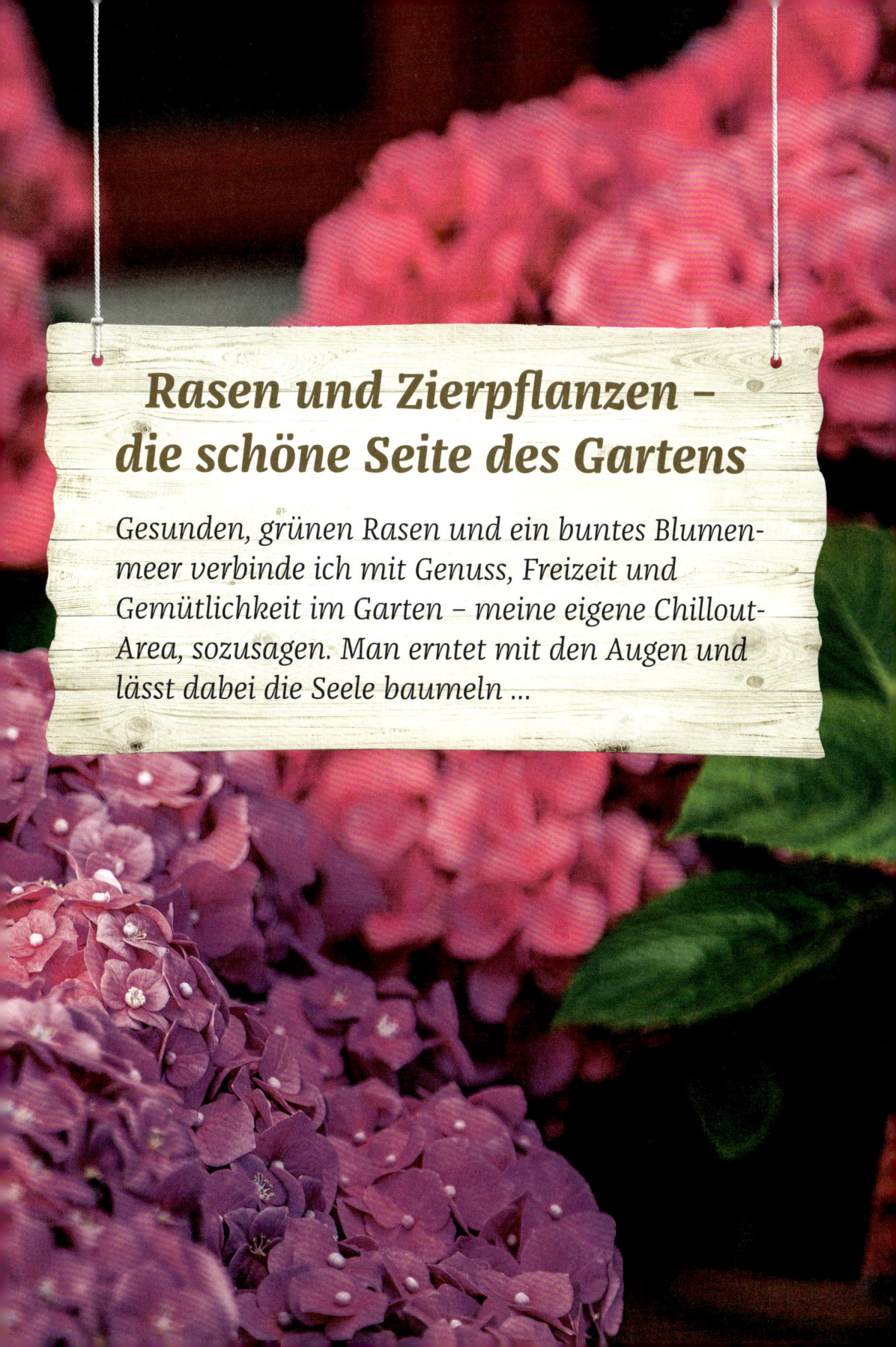

Rasen und Zierpflanzen – die schöne Seite des Gartens

Gesunden, grünen Rasen und ein buntes Blumenmeer verbinde ich mit Genuss, Freizeit und Gemütlichkeit im Garten – meine eigene Chillout-Area, sozusagen. Man erntet mit den Augen und lässt dabei die Seele baumeln ...

„Welche Rasensaat ist für mein Grundstück die richtige?"

Peter Rasch: Das ist die erste und alles entscheidende Frage, denn schon beim Einkaufen sollten Sie genau wissen, was Sie benötigen. Für jeden Standort gibt es die passende Sorte – Bodenverhältnisse und gewünschte Nutzung spielen eine wichtige Rolle. Da lässt sich einiges falsch machen. Im schlimmsten Fall sieht der neu angelegte Rasen nach einem Jahr schlechter aus als der alte. „Fragen kostet nix!", hat Oma immer gesagt. Lassen Sie sich also von einem Fachmann beraten.

Die Mischung macht's

Günstige Rasenmischungen sind oft eine Wundertüte. Aussagen wie „strapazierfähig", „besonders trittfest" oder „pflegeleicht" müssen nicht viel heißen. Mit Billigmischungen können Sie die neue Rasenfläche vielleicht zum halben Preis anlegen und meistens wird sie sogar ruckzuck grün. Das ist so, weil oft Grassorten genutzt werden, die eigentlich als Futtergras gezüchtet worden sind. Die wachsen schnell, vertragen aber wöchentliches Mähen überhaupt nicht. Am Ende des Sommers weist der Rasen darum große Löcher auf. Die frei gewordenen Plätze nehmen Wildkräuter wie Löwenzahn in Beschlag – die sind dann im Gegensatz sogar sehr widerstandsfähig.

Gute Rasenmischungen sind teurer, denn die Produktion ist aufwendig. Die Grassorten für das Lieblingsgrün sollten trockenresistent sein, langsam wachsen und spät blühen. Aus solchen Sorten Samen zu gewinnen, dauert, und die Erträge sind wesentlich geringer als bei Futtersorten.
Wer eine Qualitätsmischung kaufen will, sollte unbedingt auf die Bezeichnung „RSM" (Regelsaatgutmischung) achten. Es gibt 21 verschiedene Regelsaatgutmischungen (die Liste finden Sie auf Seite 139). Eine Mischung, die diese Bezeichnung trägt, wurde von unabhängigen Labors getestet. Das Qualitätssiegel garantiert, dass sie auch wirklich zum gewünschten Nutzungszweck passt.

Rasentypen

Für eine sonnige Fläche ist der gewöhnliche Gebrauchsrasen Standard. Ist das Grundstück eher schattig, sollten Sie eine Schattenrasenmischung aussäen. Bei intensiver Nutzung empfiehlt sich ein Sport- und Spielrasen, für Liebhaber des Englischen Rasens eine Zierrasenmischung.

Gebrauchsrasen: *robust und pflegeleicht, hohe Trockenverträglichkeit, geringer Pflegeaufwand. In der Wachstumsphase sollten Sie einmal pro Woche mähen, in den Sommermonaten reicht es alle zwei Wochen.*

Schattenrasen: *kommt mit wenig Sonne gut zurecht. Direkte Sonneneinstrahlung verträgt er allerdings sehr schlecht. Haben Sie nur ein paar dunkle Ecken im Garten, sollten Sie auch nur dort Schattengräser aussäen und auf der übrigen Fläche normales Saatgut verwenden.*

Sport- und Spielrasen: *besonders robust gegenüber Belastungen, der Pflegeaufwand ist allerdings ein wenig höher. Der Rasen muss auch im Sommer im Wochenrhythmus gemäht werden.*

Zierrasen: *sollte am Anfang sehr behutsam gepflegt werden. Spielende Kinder oder Gartenmöbel sind in den ersten zwei Jahren Gift für die empfindlichen Gräser. Danach ist die Grasnarbe aber dicht und besonders trittfest. Alle fünf bis sieben Tage sollte der Rasennäher zum Einsatz kommen – regelmäßig düngen! Das Saatgut braucht mindestens 15 Grad Bodentemperatur zum Keimen, Aussaat frühestens Anfang Juni.*

„Wie bereite ich den Boden für meinen Rasen vor?"

Peter Rasch: Der Boden, auf dem wir säen (oder auch ausrollen) wollen, ist nichts weniger als das Fundament unseres Rasens. Wenn Sie den Boden also sorgsam vorbereiten, ist das schon die halbe Miete: Das Saatgut keimt zuverlässiger, die spätere Rasenpflege geht leichter von der Hand, unsere Rasenfläche wird langlebig und robust.

Zuerst einmal müssen Sie den Boden etwa 15 Zentimeter tief gründlich auflockern, denn auf einem stark verdichteten Untergrund werden Sie keine guten Ergebnisse erzielen. Kleine Flächen können Sie umgraben, für große Flächen leihen Sie sich am besten eine Bodenfräse. Haben Sie einen sehr lehmigen Boden, können Sie eine etwa 4 Zentimeter dicke Schicht aus Sand und Kompost einarbeiten.

Danach wird die Fläche mit der Harke planiert, dabei entfernen Sie gleich Pflanzenreste, Wurzeln und Steine. Je ebener die Fläche, desto leichter haben Sie es später beim Rasenmähen.

Der Boden ist das Fundament unseres Rasens

Auf sehr feuchten Flächen sollte eine Drainage angelegt werden: entweder kleine, kiesgefüllte Gräben oder Entwässerungsrohre. Das ist wirklich knifflig – für solche Arbeiten empfehle ich professionelle Hilfe.

Der gelockerte Boden muss vor dem Säen rückverdichtet werden, sonst sackt die Rasenfläche später ab. Eine kleine Walze können Sie für etwa zehn Euro im Baumarkt ausleihen. Letzte Unebenheiten gleichen Sie mit einem Holzrechen aus. Optimal ist, wenn Sie den Boden vor der Aussaat noch ein paar Tage ruhen lassen, damit er sich setzen kann.

Mit einer kleinen Walze lässt sich der Boden gut rückver- dichten, bevor der Rasen gesät wird

Übrigens: Die Beschaffenheit des Bodens beeinflusst natürlich auch das Wachstum des Rasens. Die meisten Grasarten mögen einen durchlässigen, aber nicht zu trockenen Boden. Wenn Sie ideale Lebensbedingungen schaffen wollen, machen Sie doch vorab selbst eine Bodenprobe oder lassen gar eine Bodenanalyse im Labor durchführen (siehe Seite 108).

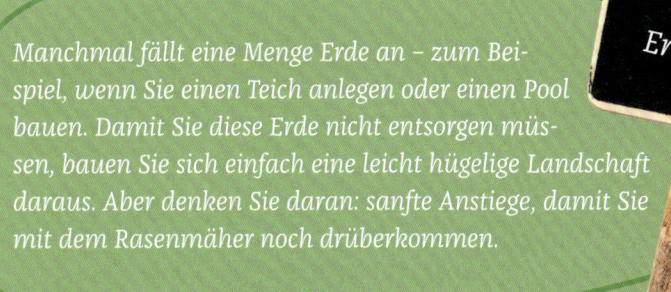

Manchmal fällt eine Menge Erde an – zum Bei- spiel, wenn Sie einen Teich anlegen oder einen Pool bauen. Damit Sie diese Erde nicht entsorgen müs- sen, bauen Sie sich einfach eine leicht hügelige Landschaft daraus. Aber denken Sie daran: sanfte Anstiege, damit Sie mit dem Rasenmäher noch drüberkommen.

Apropos Erdboden ...

„Wann ist der beste Zeitpunkt für die Aussaat?"

Peter Rasch: Wenn Sie sich für den klassischen gesäten Rasen entscheiden, erzielen Sie das beste Ergebnis, wenn Sie den Rasen in einer Zeit säen, in der die Samenkörner gut keimen können. Die besten Monate für die Aussaat sind April und Mai sowie August und September. Und ich erkläre Ihnen auch, warum: Rasensamen sind Lichtkeimer. Das heißt, das Gras wächst am schnellsten, wenn ausreichend Sonnenlicht für ein kräftiges Wachstum da ist. Die Bodentemperatur sollte dauerhaft über 10 Grad liegen (auch nachts). Je höher die Bodentemperatur, desto besser keimt das Saatgut. Der Sommer ist wegen möglicher Trockenheit allerdings gar nicht so gut geeignet, besser ist es, wenn Niederschläge den Boden regelmäßig feucht halten.

Rasensamen sind ein gefundenes Fressen für Vögel und schnell vom Winde verweht. Darum: Wenn sie liegen, ganz leicht einharken

Auch der Wind spielt eine Rolle. Säen Sie an einem trockenen, möglichst windstillen Tag. Die Rasensamen sind sehr leicht. Wind oder Böen können sie beim Verteilen, und auch noch wenn sie am Boden liegen, einfach davonpusten. Das führt zu einem ungleichmäßigen Rasenwuchs.

„Muss man extra viel Rasensamen säen, damit es gut wächst?"

Peter Rasch: „Mit dem Saatgut nicht sparsam sein, dann wird das schon." STOPP! Das ist ein klassischer Irrglaube beim Anlegen eines neuen Rasens. Nehmen Sie zu viel Saatgut, behindern sich die Graspflanzen gegenseitig beim Wachstum. Außerdem kann es schneller zu Pilzbefall kommen. Wichtiger ist, dass Sie in gutes Saatgut investieren, das zu Ihrem Boden und Ihren Bedürfnissen passt. Dann reichen 20 bis 25 Gramm pro Quadratmeter. Wiegen Sie das ruhig mal ab, damit Sie ein Gefühl dafür bekommen!

Am besten laufen Sie die zukünftige Rasenfläche beim Säen einmal längs und einmal quer ab und werfen das Saatgut immer locker aus dem Handgelenk. So wächst der Rasen später schön gleichmäßig.

Und jetzt: Üben Sie sich in Geduld! Bis die ersten Rasensamen keimen, können locker zwei Wochen vergehen. In den handelsüblichen Saatmischungen sind verschiedene Grassorten enthalten, die nicht alle gleichzeitig keimen. Bis alle Samen komplett aufgegangen sind, können sogar vier Wochen verstreichen.

Gießen – ja, *aber* ... Besonders in der ersten Wachstumsphase, in der die Wurzelsysteme noch nicht vollständig entwickelt sind, ist eine regelmäßige Wasserversorgung superwichtig. Allerdings gilt auch hier: Viel hilft *nicht* viel. Meinen Sie es zu gut, entsteht Staunässe, die den jungen Wurzeln eher schadet. Bei Trockenheit sollten Sie die Fläche zwei- bis dreimal am Tag fünf bis zehn Minuten wässern.

Der wichtigste Nährstoff nach der Aussaat ist Phosphor. Er sorgt für dichtes und grünes Wachstum. Spezielle Startdünger für die Rasensaat haben deshalb einen erhöhten Phosphoranteil.

„Hilfe, ich brauch schnell einen neuen Rasen!"

Peter Rasch: Ein altes afrikanisches Sprichwort sagt: „Gras wächst auch nicht schneller, wenn man daran zieht." Alles braucht seine Zeit – aber es gibt Firmen, die sich diese Zeit für uns nehmen. Sie säen hektarweise Rasen aus, und wenn er so richtig schön aussieht, wird er geerntet. Das Ergebnis: Rollrasen – die einfachste Lösung für frisches Grün auf dem Grundstück. Das beste Ergebnis erzielt man, wenn man den Rasen im Frühjahr ausrollt. Die Graswurzeln sind dann auf dem Höhepunkt ihrer natürlichen Wachstumskurve: Der Rasen wächst schnell an.

Rollrasen – die schnelle Lösung für frisches Grün

Der größte Vorteil von Rollrasen ist: Die Fläche kann schnell wieder genutzt werden. Schon drei bis vier Wochen nach dem Ausrollen kann die erste Gartenparty stattfinden. Einen ausgesäten Rasen hingegen können Sie erst nach sechs bis acht Wochen vorsichtig betreten. Bis Sie ihn wirklich nutzen können, vergehen drei Monate. Weiteres Plus des Rollrasens: In den ersten beiden Jahren siedeln sich wegen der dichten Grasnarbe eines Rollrasens außerdem kaum Wildkräuter an.

Rollrasen ist allerdings etwa viermal so teuer wie selbst ausgesäter Rasen – drei bis vier Euro pro Quadratmeter. Richtig ins Geld geht dann meist der Transport, Rollrasen ist nämlich schwer. Mit dem eigenen Pkw bekommen Sie das selten hin. Also: Liefern lassen – dann ist man schnell bei sechs bis zehn Euro pro Quadratmeter.

Das A und O: die Bodenvorbereitung

Die Bodenvorbereitung ist für ausgesäten und Rollrasen gleich. Ohne diese Vorarbeit wächst auch Letzterer nicht. Sie müssen den Boden lockern, von Unkraut befreien und die Fläche ebnen. Wenn Sie den Boden vorbereitet haben, tragen Sie gleich Dünger auf. Dann hat das Gras die Nährstoffe direkt an der Wurzel.

No waste: Mit Resten vom Rollrasen können Sie ganz schnell pflegeleichte Wege zwischen Ihre Beete zaubern. Besonders praktisch ist es, die Wege der Schnittbreite Ihres Rasenmähers anzupassen.

Danach werden die Rasenmatten verlegt – möglichst ohne Zwischenräume. Wie die Ziegel einer Backsteinmauer sollen die Bahnen liegen, versetzt um mindestens einen halben Meter, sodass die Stöße (also die kurzen Seiten) nicht nebeneinanderliegen. Ein Laie schafft etwa 50 Quadratmeter pro Stunde. Am Ende den Rasen noch einmal gut anwalzen und in den ersten drei Tagen reichlich gießen – auch bei Sonne! Wässern Sie dann möglichst morgens und abends, damit der neue Rasen nicht gleich verbrennt.

Beachten Sie: Rollrasen ist nicht für Schattenlagen geeignet. Er ist zu dicht und würde schnell Moos ansetzen.

Wenn Sie Probleme mit Maulwürfen haben, legen Sie ein Maulwurfvlies aus dem Gartenfachhandel unter den Rollrasen, dann hat der kurzsichtige Wühler keine Chance mehr, Ihren Rasen zu verunstalten.

„Wann und womit dünge ich meinen Rasen?"

Peter Rasch: Im Grunde gibt es drei Termine, zu denen der Rasen sein „Futter" bekommt.

1. Der erste Termin ist im März. Gleich nach dem ersten Schnitt bekommt das Lieblingsgrün einen speziellen Langzeitrasendünger. Gut zum Aufbringen ist ein bedeckter Tag, der Rasenmäher hat danach mindestens zwei Tage Pause.

Alle drei bis vier Jahre machen Sie bitte eine Bodenprobe. Ist der Boden zu sauer – bei Rasen bedeutet das konkret ein pH-Wert unter 5,5 –, gönnen Sie Ihrem Rasen einmal im Jahr Kalk. Das können Sie gut bis Mitte April erledigen. Nach dem Kalken sollten Sie drei Wochen mit dem Düngen warten.

2. Dann bekommt der Rasen im Juni seine zweite Portion Langzeitdünger. Genau dosieren, möglichst ohne Sonne, vor einem regnerischen Tag.

3. Last, but not least tragen wir im Oktober einen speziellen Herbstrasendünger mit viel Kalium auf, der stärkt die Halme

Die meisten Pflanzen mögen einen leicht sauren bis neutralen Boden, das ist ein pH-Wert zwischen 6 und 7. Teststreifen zum Selbertesten bekommen Sie in der Apotheke

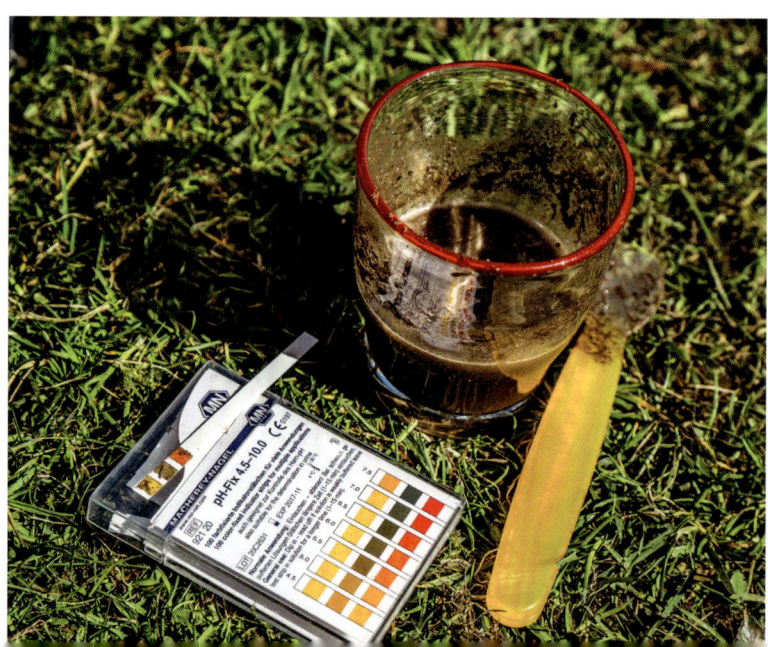

Kalkgabe zur Bodenneutralisierung

gemessener Anfangs-pH-Wert des Bodens	Sandboden, leichte Böden		schwere Böden, Lehmboden	
	Ziel-pH-Wert 6,0	Ziel-pH-Wert 6,5	Ziel-pH-Wert 6,0	Ziel-pH-Wert 7,0
4,0	500 g	750 g	600 g	1200 g
4,5	400 g	600 g	500 g	900 g
5,0	300 g	450 g	350 g	700 g
5,5	200 g	350 g	250 g	550 g
6,0		200 g		400 g
6,5				250 g

Bei der sogenannten Gesundungskalkung sollten Sie 300 g/m² nicht überschreiten. Wird eine größere Menge zum Neutralisieren des Bodens gebraucht, sollten Sie zwei- bis dreimal im Jahr Kalk ausbringen und die Dosis entsprechend aufteilen.

für den Winter. Jetzt wäre auch noch einmal die Gelegenheit zu kalken, falls Sie das im Frühjahr verpasst haben.

Bei Discountern und in Gartenmärkten stoße ich immer wieder auf Eisendünger. Von dem Zeug lassen Sie besser die Finger! Eisen(II)-sulfat kann nämlich giftige Schwefelsäure freisetzen. Schon wenn Sie den Staub einatmen, kann es zu starken Schleimhautreizungen kommen. Wer den Eisendünger dennoch nutzen möchte, muss Schutzanzug und Atemmaske, Brille und säurefeste Schuhe und Handschuhe tragen. Außerdem müssen Sie den Rasen danach erst einmal absperren, um Ihre Kinder, Enkel oder Haustiere vor dem Mittel zu schützen.

Hinzu kommt, dass Hilfe durch diese Substanz nur von kurzer Dauer ist. Dabei macht sie auch noch den Boden saurer. Das heißt langfristig: mehr Moos, weniger Rasen.

„Was passiert beim Vertikutieren und wann ist die beste Zeit dafür?"

Peter Rasch: Beim Vertikutieren ritzen scharfe Klingen den Boden 2 bis 3 Millimeter an und entfernen dabei abgestorbene Grashalme, Reste vom Rasenmähen – den sogenannten Rasenfilz – und Moos. Diese Biomasse behindert die Sauerstoffversorgung der Wurzeln. Mithilfe des Vertikutierens wird der Rasen dichter und strapazierfähiger.

Bevor Sie Ihren Rasen das erste Mal vertikutieren, sollten Sie ihm ein paar Jahre Zeit geben, um kräftig und robust zu werden. Denn in den ersten ein bis zwei Jahren schadet es oft mehr, als dass es nützt.

Den richtigen Zeitpunkt können Sie ganz leicht erkennen: Ziehen Sie eine Harke locker durch Ihren Rasen und schauen Sie, ob alte Mährückstände und Moos hängen bleiben. Auch Wildkräuter sind ein Zeichen dafür, dass das Wachstum der Gräser gehemmt ist. Besonders anfällig sind schwere, verdichtete Böden, die zu Staunässe neigen, oder schattige Rasenflächen.
Die optimale Zeit, um dem Rasen Luft zu machen, sind der Frühling und der Spätsommer zur Nachpflege. Idealerweise wählen Sie einen milden Tag, mit mindestens 7 bis 10 Grad. Trockenes Wetter ist dabei sehr wichtig. An feuchten Tagen ist die Pflege des Rasens zum einen deutlich mühsamer, zum anderen besteht die Gefahr, dass Sie ganze Rasenpflanzen aus dem aufgeweichten Boden herausziehen. Bevor Sie mit dem Vertikutieren beginnen, sollten Sie Ihren Rasen so kurz wie möglich mähen. Pflanzen mit langen Halmen werden sonst schnell herausgerissen.

Um den Rasen zu bearbeiten, nutzen Sie am besten einen elektrischen Vertikutierer. Da man die Geräte nur ein- bis zweimal im Jahr einsetzt, leiht man sie vielleicht nur. Wenn Sie Lust auf ein kostenloses Work-out haben, können Sie auch eine Harke oder einen Handvertikutierer nehmen. Das erfordert viel Kraft und eignet sich besser für kleine Rasenflächen oder zur Behandlung einzelner, verfilzter Stellen. Egal, welche Methode Sie wäh-

len, seien Sie vorsichtig, dass die Zinken den Boden nicht zu tief umgraben, damit die Rasenwurzeln nicht beschädigt werden.

Arbeiten Sie bei motorbetriebenen Geräten zügig und bleiben Sie nicht zu lang an einer Stelle stehen, sonst wird die Grasnarbe zu stark geschädigt. Vertikutieren Sie zuerst längs und dann quer über die Fläche, sodass ein feines Schachbrettmuster entsteht. Beim Wenden sollten Sie den Griff nach unten drücken, damit die Messer keine zu tiefen Spuren hinterlassen. Harken Sie den gelockerten Rasenfilz nach getaner Arbeit gründlich ab. Wenn Sie Ihren Rasen vertikutieren, müssen Sie in Kauf nehmen, dass er eine Weile nicht so ansehnlich ist.

So entfernen Sie Rasenfilz und Moos: locker mit der Harke drüber

Elektrische Vertikutierer sind konstruktionsbedingt leichter als ihre „Artgenossen" mit Benzinmotor. Ist der Boden sehr hart, neigen sie dazu, ohne große Wirkung über den Rasen zu hoppeln. Beschweren Sie das Gerät einfach mit einem kleinen Sandsack.

„Welcher Rasenmäher passt zu mir und meinem Rasen?"

Peter Rasch: Seit am 31. August 1830 der erste Rasenmäher zum Patent angemeldet wurde, war sein Siegeszug durch die Parks und Gärten dieser Welt nicht mehr aufzuhalten. Er ist ja auch wirklich praktisch. Oder Hände hoch, wer sich heute noch vorstellen kann, seinen Englischen Rasen mit der Sense zu trimmen?! Keiner! Habe ich mir fast gedacht.

In 190 Jahren Rasenmähergeschichte hat sich Bewährtes erhalten, aber es gab auch einige Neuerungen. Da stellt sich die Frage zu Recht: Welches Gerät ist für meinen Rasen und meine Grundstücksgröße richtig?

Spindelmäher – Rasenflächen bis 300 m²

Er punktet mit akkuratem Grasschnitt. Weil er die Halme schneidet und nicht abschlägt, erfordert das aber wöchentlichen Einsatz. Das Gras sollte nicht höher als die Hälfte der Spindel stehen. Durch häufiges Mähen benötigt der Rasen mehr Wasser. Die durch Muskelkraft betriebenen Spindelmähermodelle sind leicht und sicher zu nutzen, sorgen für automatisches Work-out und sind umweltfreundlich. Die Wartung beschränkt sich auf das Schärfen der Messer und eine gelegentliche Schmierung der Lager. Vorsicht: Steine und Äste auf dem Rasen machen die Spindelmesser schnell stumpf!

Benzinrasenmäher – Rasenflächen von 600 bis 1500 m²

Hier treibt der Verbrennungsmotor sowohl die Messer als auch die Räder an. Benzinrasenmäher mit großen Motoren sind leistungsstark und widerstandsfähig. Sie schaffen auch überwucherte Rasenflächen, sogar dort, wo es keinen Strom gibt. Die Schnittbreite beträgt bis 50 Zentimeter. Dafür sind sie teurer und laut, stinken und belasten die Umwelt. Der Wartungsaufwand ist höher als bei Elektromähern. Und das Altöl muss umweltgerecht entsorgt werden.

Elektrorasenmäher – Rasenflächen bis 600 m²

Gute Ausführungen des Elektromähers sind so leistungsstark wie Rasenmäher mit Verbrennungsmotor, aber günstiger in der Anschaffung. Die Schnittbreiten liegen zwischen 30 und 40 Zentimetern. Elektrorasenmäher punkten mit geringem Wartungsaufwand, moderatem Geräuschpegel und sie sind umweltfreundlich. Konventionelle Modelle haben ein langes Stromkabel, welches beim Handling etwas Geschick erfordert, besonders wenn Bäume und Sträucher auf der Rasenfläche stehen.

Akku-Rasenmäher – Rasenflächen bis 400 m²

Moderne Akku-Rasenmäher mit leistungsstarken Lithium-Ionen-Akkus stehen den kabelgebundenen Varianten bei der Leistung in fast nichts mehr nach. Sie entsprechen allen Vortei-

Mein absoluter Favorit: der Spindelmäher – leise, umweltschonend und das perfekte Work-out, ganz ohne Muckibude

23

len des Elektromähers, nur dass sie kein störendes Kabel haben. Oft sind sie auch leiser. Die Einsatzzeit ist aufgrund des Akkus natürlich begrenzt. Und wenn Sie einen nachkaufen, ist das nicht ganz billig.

Mähroboter – Rasenflächen bis 2000 m²

Der Zeitplan dieses autonomen Rasenpflegers ist programmierbar und sein Einsatzbereich kann mithilfe von Begrenzungsdrähten vorgegeben werden. Der Roboter fährt nach getaner

Oben: Nach ge taner Arbeit fährt der Mähroboter zurück in seine Ladestation. Unten: Alles im Blick – der Rasentraktor (unten) für große Rasenflächen und wendige Manöver

Arbeit selbstständig wieder zur Ladestation. Mähroboter mögen Ebenen und allenfalls sanfte Steigungen. Komplex strukturierte Rasenflächen mit Böschungen, Winkeln und Hindernissen sind für sie hingegen kaum geeignet. Durch die kurzen Schnittintervalle sieht der Rasen immer gepflegt aus. Der sehr kurze Grünschnitt bleibt als Dünger für den Rasen liegen.

Aufsitzmäher – Rasenflächen von 1000 bis 1500 m²

Aufsitzmäher haben meist einen Benzinmotor und punkten durch gute Übersicht und Wendigkeit. Das Fangsystem sammelt das Schnittgut und lässt sich oft vom Fahrersitz aus entleeren. Wie bei anderen Verbrennern auch, ist die Wartung etwas aufwendiger und die Umweltbilanz fällt nicht ganz so grün aus. Der Anschaffungspreis ist hoch und lohnt sich nur bei großen Grundstücken. Aufsitzmäher eignen sich auch für anspruchsvolles Gelände.

Rasentraktoren – Rasenflächen ab 1500 m²

Bequeme Rasenpflegemaschinen für Gärtner mit ansehnlichen Rasenflächen – und Hang zum Treckerfahren – schaffen durch ihre große Schnittbreite natürlich viel weg. Die Schnitthöhe lässt sich in der Regel während der Fahrt anpassen. Manche Rasentraktoren lassen sich mit Anbaugeräten wie einem Schneeräumschild oder Rechen bestücken. In der Umweltbilanz bilden die Traktoren die klaren Schlusslichter. Die bis zu 750 cm³ großen Motoren in Rasentraktoren sind recht durstig und wollen gut gewartet sein.

Ich liebe den guten alten Spindelmäher. Es hat etwas Meditatives, damit seine Bahnen über die Rasenfläche zu ziehen. Das surrende Geräusch der rotierenden Messer, die fliegenden Grashalme ... Außerdem schafft er das schönste Schnittbild. Und wenn der Mäher gut geölt ist, ist er so leise, dass man ihn auch am Wochenende benutzen kann, ohne die Familie beim Mittagsschlaf zu stören. Wenn es schnell gehen soll, greife ich aber auch gern mal zum Akku-Mäher.

Meine Favoriten

Wilde Wiese
statt Englischer Rasen

Macht
super wenig
Arbeit

Peter Rasch: Unser Rasen: schön dicht, dunkelgrün, kurz gemäht, maximal ein Dutzend verschiedene Gräser pro Quadratmeter und auf Dauer: LANGWEILIG (zumindest aus botanischer
Sicht)! Und dann macht er auch noch einen Menge Arbeit.

Zum Glück findet bei vielen Gärtnern gerade ein Umdenken
statt: wenn schon Wiese, dann ökologisch wertvoll. Denn unsere
Insekten machen sich rar. Wir brauchen im Garten also Flächen,
auf denen sie ausreichend Nahrung und Brutmöglichkeiten
finden. Die schlaue Antwort darauf ist die Kräuterwiese. Und das
goldene Krönchen auf dem Ganzen: MEHR FREIZEIT!

Der „wilde" Rasen wird nur viermal im Jahr gemäht, mit der
Sense oder dem Freischneider. Düngen fällt ganz aus, weil die
Kräuter mageren Boden lieben. Außerdem kommt mit einer
Kräuterwiese Farbe in die Welt. Kurzum: ein sehr wertvoller
Beitrag zum ökologischen Gleichgewicht.

Ein Rasen mit wilden Kräutern ist fast noch einfacher anzulegen
als herkömmlicher Rasen. Lockern Sie den Boden leicht auf und

Meine Lieblingskräuterwiesenmischung: *Wiesen-Rispen-
gras, Horst-Rot-Schwingel, Haarblättriger Rot-Schwingel,
Gewöhnlicher Rot-Schwingel, Raublättriger Schaf-Schwingel,
Rotes Straußgras, Deutsches Weidelgras, Gewöhnliches Rispen-
gras, Magerwiesen-Margerite, Kleine Braunelle, Wiesensalbei,
Breitblättriger Thymian, Heide-Nelke, Gewöhnlicher Hornklee,
Mittlerer Wegerich, Kleiner Wiesenknopf, Inkarnat-Klee, Steif-
haariger Löwenzahn, Gemeine Schafgarbe, Wiesen-Flocken-
blume, Kleinköpfiger Pippau, Herbst-Löwenzahn, Hopfenklee,
Frühlings-Fingerkraut, Wiesenklee, Gänseblümchen, Wiesen-
Labkraut, Echtes Labkraut*

befreien Sie ihn von Unkraut. Jetzt brauchen Sie noch die richtige Mischung: Sie sollte möglichst aus etwa 20 verschiedenen Gräsern und Wildkräutern bestehen. Da ahnt man doch schon, wie es an einem warmen Sommerabend duften wird, oder?

Achten Sie darauf, dass das Saatgut aus Ihrer Region stammt, denn nur heimische Pflanzen sind angepasst und dadurch widerstandsfähig. Es bringt also nichts, die Alpenwiesenmischung an der Ostsee auszusäen.

Apropos aussäen: Am günstigsten dafür sind Mai und Juni oder September und Oktober. Dann sind weniger andere Samen unterwegs und unsere Pflänzchen haben die besten Voraussetzungen, um sich auszubreiten.
Je nach Mischung wird die Kräuterwiese bis zu 40 Zentimeter hoch. Die Blütezeit ist von Juli bis Oktober, dann wird Ihr Garten in ein farbenfrohes Blumenparadies verwandelt. Für Sie – aber auch für Insekten und heimische Singvögel.

Die Wildkräuter- und Wildgraswiese macht sehr wenig Arbeit, denn man lässt sie einfach wachsen. Viermal im Jahr wird nur gemäht und das dann mit der Sense oder dem Freischneider, weil das Gras für einen Rasenmäher natürlich zu lang ist.

Wilde Gräser und Blumen – eine Augenweide und Tummelplatz für Bienen und andere nützliche Insekten

Die zehn besten Tipps
für die Rasenpflege

Es gibt Leute, die würden ihren Englischen Rasen am liebsten mit der Nagelschere trimmen. Andere finden so was spießig: Die Kinder sollen auf dem Rasen toben und die nächste Gartenparty ist ohnehin schon geplant. Egal, ob Englischer Rasen oder Sport- und Spielrasen – damit er gepflegt aussieht und sattgrün wächst, sollten Sie in jedem Fall ein paar Tricks auf Lager haben.

❀ Mischen Sie das Saatgut ordentlich durch, bevor Sie Rasen aussäen, sonst kann das Ergebnis sehr ungleichmäßig werden. Die Tüten enthalten nämlich immer mehrere Grassorten. Einige sind leichter, andere größer und damit schwerer. Durch das Rütteln beim Transport entmischt sind das Saatgut manchmal.

❀ Rasen wächst 3 bis 4 Zentimeter in der Woche. Das ist auch die Länge, die Sie abschneiden sollten. Wenn man es also genau nimmt und den Rasen optimal pflegen möchte, sollte man mindestens einmal in der Woche mähen.

❀ Vor dem Rasenschnitt sollten Sie kontrollieren, ob das Gras schön trocken ist. Bei nassem Rasen machen Sie nämlich keinen sauberen Schnitt. Dann lieber ein bisschen warten.

❀ In schattigen Lagen sollten Sie den Rasen einen Zentimeter länger stehen lassen. Nur so können die Pflanzen überhaupt Sonnenlicht tanken und gut wachsen.

❀ Am Tag, an dem Sie mähen wollen, sollten Sie nicht über den Rasen laufen. Heruntergetretenes Gras kann nicht gleichmäßig abgeschnitten werden.

❀ Bevor es losgeht: die Messer des Rasenmähers checken! Wenn sie nicht richtig scharf sind, zerschlagen und zerfasern sie die Halme. Außerdem sollten Sie für ein sauberes Ergebnis immer die höchste Drehzahl des Mähwerks nutzen.

Ein kleiner Rasen-
pflanzenbaum, der
behutsam gepflegt
sein will

✿ Wenn Sie Ihren Rasen mal so richtig lange haben stehen lassen, sägen Sie ihn nicht gleich auf 4 Zentimeter herunter. Besser ist der sogenannte Ein-Drittel-Schnitt: ein Drittel abmähen und ein paar Tage später in Form bringen. Eine Rasenpflanze wächst wie ein kleiner Baum mit vielen Seitenarmen. Wenn Sie beim ersten Mal zu viel runterschneiden, braucht sie lang, bis sie wieder durchtreibt und buschig wird.

✿ Im Sommer sollten Sie den Rasen lieber ein bisschen länger stehen lassen, dann verbrennt er nicht so schnell. Die längeren Halme sorgen für Schatten auf dem Boden und die Feuchtigkeit hält sich besser.

✿ Nie über den Berg mähen! Auch das macht den Rasen ungleichmäßig. Richtig ist: Immer mit dem Hang mähen.

✿ Seien Sie schlechte Obermieter für Maulwürfe, denn die hassen Lärm. Das ständige Surren eines Mähroboters beispielsweise nervt den lichtscheuen Bauarbeiter unter der Grasnarbe.

Einen Garten
planen und anlegen

Steffen Behrendt: So unterschiedlich wie die Grundstücksbesitzer, so vielseitig sind auch die Gestaltungsmöglichkeiten eines Gartens. Zuerst einmal sollte klar sein: Was ist Ihnen wichtig? Träumen Sie von einer Terrasse, möchten Sie einen Teich anlegen oder einen Nutzgarten, in dem Sie Ihr eigenes Gemüse anbauen? Brauchen die Kinder eine Spielwiese? Manchmal gibt es auch bauliche Auflagen – da kann einem bei der Planung ganz schön der Kopf rauchen.

Dennoch: Gute Planung spart am Ende oft viel Zeit und Geld. Und wenn Ihnen alles zu viel wird oder Sie etwas ganz Großes vorhaben, empfehle ich: Holen Sie sich einen Landschaftsplaner oder -gärtner mit ins Boot.

Die Grundlage – der Lageplan

Ein Lageplan, ein Drohnenfoto oder ein brauchbarer Ausschnitt von Google Maps sind als Grundlage sehr hilfreich. Bei der Planung kommt es nicht auf den Millimeter an, aber messen Sie auf Ihrem Grundstück ein paar Bezugspunkte (wie den Abstand zwischen zwei Bäumen oder eine Zaunlänge) aus, damit Sie einen ungefähren Maßstab haben. Das gibt Ihnen die Möglichkeit, die Größe zum Beispiel von Wegen, Beeten und Terrassen richtig zu planen. Mit diesem Wissen können Sie loslegen. Den Grundriss ausdrucken und verschiedene Varianten der Gestaltung darauf in der Theorie ausprobieren. Dann haben Sie einen Plan, auf den Sie immer wieder zurückgreifen können.

Schritt zwei: die Gestaltung

Für die eigentliche Gestaltung ist wichtig zu wissen: Welche Materialien und Pflanzen kommen infrage? Natürliche Baustoffe wie Feldsteine und Holz, organisch angeordnet, oder eher geradlinig mit Elementen aus Beton und Stahl? Dürfen die Stauden ganzjährig ihre Vielfalt zeigen oder soll sich ein Farbton durch

*Ein Plan zum Träu-
men – gärtnerische
Elemente struktu-
rieren den Garten
und schenken dem
Auge Eyecatcher
zum Ausruhen*

den Garten ziehen? Bei der Gestaltung legt man im Grunde auch
schon fest, wie viel Pflege der Garten später braucht.

Schritt für Schritt zum Traumgarten

Als Landschaftsgärtner beginne ich in der Regel mit dem Transport der Baustoffe. Alles kommt schon mal grob da hin, wo wir
es später brauchen. Als Nächstes werden Wege und Einfriedun-
gen gebaut. Die Wege sollen natürlich schön aussehen, aber man
muss auch mit der Schubkarre darauf fahren können. Zäune,
Pergolen und Sichtschutz bieten gute Gestaltungsmöglichkeiten:
Höhere Elemente unterteilen den Garten in mehrere Bereiche,
kleine Gärten wirken dadurch zum Beispiel größer. Oder eine
Hecke als Abgrenzung zum Gemüsegarten, damit Sie im Liege-
stuhl nicht immer auf die Beete gucken, die vielleicht noch ein
bisschen Pflege brauchen – offiziell natürlich, damit der Hund
nicht das Gemüse zertrampelt.

*Kommt Zeit,
kommt Beet –
lassen Sie den
Kreislauf der Natur
für sich arbeiten:
Rasen abdecken,
abwarten und
Tee trinken*

Anschließend wird der Boden planiert, werden Bäume, Sträucher und Stauden gepflanzt und die Rasenflächen angelegt.
Bei der Auswahl der Pflanzen sollten Sie sich über deren Entwicklung informieren: Wie groß werden die Bäume, welchen Kronendurchmesser haben sie in 20 oder 50 Jahren, wie weit breiten sich die Wurzeln aus? Ein hochstämmiger Obstbaum ist bei den normalen Grundstücksgrößen heutiger Einfamilienhäuser nicht zu empfehlen, weil er viel Platz braucht.
Ein Gartenexperte kann Sie vor vielen „Ach, das hätte ich doch lieber anders machen sollen!"-Momenten bewahren, einfach, weil er die problematischen Folgen bereits kennt.

Alle Betonarbeiten sollten Sie in der frostfreien Zeit erledigen. Bäumen und Hecken, egal, ob laubabwerfende oder immergrüne Arten, pflanzen wir am besten in der Vegetationsruhe – also im Herbst oder im Frühjahr. Rasen kann ab 8 Grad Bodentemperatur gesät, Rollrasen, solange kein Frost ist, das ganze Jahr über verlegt werden.

Wichtig ist das Gesamtkonzept! Wenn Sie sich also an Ihren Lageplan vom Anfang halten, macht es nichts, wenn sich nicht alles auf einmal umsetzen lässt. Am Ende wird es trotzdem aussehen, als wäre alles wie aus einem Guss.

Spezialfall Gemüsegarten

Wenn man sich Pläne alter Kloster- und Schlossgärten anschaut oder einen historischen Bauerngarten, sind deren Gemüsegärten meist symmetrisch angelegt. Das ist nämlich durchaus sinnvoll und erleichtert die Arbeit. Gerade wenn Sie natürlich gärtnern und mit einem vierjährigen Fruchtwechsel arbeiten wollen, sind vier etwa gleich große Parzellen gut für Planung und Übersicht. Eine fünfte ist dann für standorttreue Kulturen wie Tomaten, Erdbeeren und Rhabarber (siehe auch Seite 62). 1,2 Meter als Beetbreite hat sich bewährt, so kann man, ohne sich zu verrenken und die Kulturen zu zertreten, gut im ganzen Beet arbeiten. Die Wege dazwischen sollten mindestens 30 Zentimeter breit sein. Feste Wege zwischen den Beeten haben den Vorteil, dass man auch nach einem kräftigen Regenguss im Garten ernten kann, ohne im Matsch zu versinken. Sind sie ein bisschen höher angelegt als die Beete, kann das Wasser besser ablaufen. Außerdem sind abgegrenzte Wege Barrieren, die es dem Unkraut schwerer machen, das Beet zu wechseln.

Neue Beete ohne Mühe

Wenn Sie neue Beete da anlegen wollen, wo vorher Rasen war, ist das eine mühevolle Aufgabe: Grassoden ausstechen, die Beetkante abgrenzen und Gartenerde auffüllen. Wenn Sie etwas Zeit haben, können Sie aber auch die Natur für sich arbeiten lassen! Legen Sie auf dem Rasen die gewünschte Beetfläche mit unbedruckter Pappe aus. Mit einer Schicht Erde oder fertigem Kompost abdecken, gut wässern und mindestens ein halbes Jahr warten. Die Graspflanzen unter der Pappe sterben ab und verrotten. Regenwürmer lieben Pappe und helfen bei der Bodenvorbereitung. Sie müssen dann nur noch einmal umgraben und das Beet einfassen – fertig!

Die Krönung: einen Garten-teich anlegen

Mit dem
Teichprofi

Steffen Behrendt: Für viele ist er das i-Tüpfelchen im Garten, andere wollen ihren Schwimmteich nicht mehr missen und wieder anderen sehen das kühle Nass als Bereicherung der Artenvielfalt. Wichtig ist in jedem Fall: Ein künstlich angelegter Teich sollte sich immer in seine Umgebung einpassen.

Bevor Sie nun zum Spaten greifen und einen Teich ausheben, sollten Sie einiges bedenken. Neben dem Aufwand für die Pflege und den Bau- und Unterhaltungskosten spielt die Sicherheit eine entscheidende Rolle. Entstehen Gefahren für Kinder oder Tiere? Ist der Standort wirklich geeignet? Frösche, Kröten und andere Amphibien werden von einem Teich angezogen und können mit ihrem Balzgesang im Frühsommer für schlaflose Nächte sorgen. Läuft die Familie panisch vor einer harmlosen Ringelnatter davon, die sich auf einem Stein im Flachwasserbereich sonnt? Oder beschädigen Sie Wurzeln der umliegenden Bäume, wenn Sie die Grube ausheben?

Die Standortwahl ist äußerst wichtig. Ein Teich sollte möglichst immer an der tiefsten Stelle des Grundstücks liegen, aber nicht in der vollen Sonne, sonst wachsen die Algen wie verrückt, und das Laub der umliegenden Bäume sollte sich nicht im Wasser ansammeln. Füllen Sie verdunstetes Wasser schnell nach und denken Sie an den Stromanschluss für Pumpe oder Wasserspeier. Sollen Fische – zum Beispiel Kois – im Teich schwimmen, ziehen Sie eine große Pumpe und eine Filteranlage in Betracht.

Auf los geht's los – die Arbeitsschritte

 Den Boden können Sie mit Spaten und Schubkarre oder mit einem Minibagger ausheben. Als Mindesttiefe brauchen wir einen Meter, gemessen ab 10 Zentimetern unter der Geländeoberkante. Nur so ist gewährleistet, dass Fische und andere Teichbewohner bei gefrorener Oberfläche im tiefen Wasser überleben.

Zum Auslegen der Plane holt man sich besser Verstärkung – es fließt viel Schweiß, bis alles faltenfrei liegt

❀ Um ein stabiles und der Natur nachempfundenes Ökosystem im Gartenteich zu erhalten, sollte er in verschiedene Zonen unterteilt werden: Tiefwasser-, Flachwasser- und Uferzone (Feuchtzone), zu der auch die Sumpfzone zählt, die meist fließend in die Flachwasserzone übergeht. Die Böschungen zwischen den einzelnen Stufen sollten nicht steiler als 45 Grad sein. Damit Steine oder Kiesel später nicht in die Tiefe rutschen, bauen Sie die Stufen mit einem kleinen Gefälle zum Teichrand hin. Die Grubenwände sollten stein- und wurzelfrei sein und im Idealfall aus einem Kiesbett bestehen.

❀ Um den Gartenteich dicht zu bekommen, haben wir verschiedene Möglichkeiten. Im Fachhandel gibt es stabile Fertigbecken – eher die Lösung für kleine Teiche bis zwei Meter. Alternativ können Sie das Teichbett mit einer dicken Schicht aus Lehmschindeln auskleiden. Die müssen sorgfältig verstampft werden, damit keine Lücken bleiben. Das ist sicherlich die natürlichste, aber auch kostenintensivste Methode. Zudem ist ein solcher Lehmbodenteich oft nicht zu 100 Prozent dicht.

RASEN UND ZIERPFLANZEN

*Das Wasser hat
die Flachwasser-
zone erreicht – die
Feldsteine werden
ausgelegt, nach
und nach wird der
Teich bepflanzt und
lebendig*

🌼 Die gebräuchlichste Bauweise ist der Folienteich aus PE,
PVC oder Kautschukfolie. Die Plane wird nach Teichmaß
vorgefertigt oder als Rollenware auf Maß geschweißt. Um
die Teichplane zusätzlich zu schützen, sollte auf das sandige
Teichbett ein Geotextilvlies gelegt werden. Achten Sie darauf, dass die Vliesbahnen sich reichlich überlappen und
glatt auf dem Untergrund aufliegen.

🌼 Anschließend wird die Plane behutsam auf das Vlies gelegt.
Am besten an einem warmen Sonnentag, dann ist sie weich
und gut formbar.
Schuhe aus bei der Arbeit! Am besten tragen Sie eine lange,
bequeme Hose und Wollsocken, denn die meist dunklen
Materialien werden in der Sonne ziemlich heiß.
Die Plane mit so wenig Falten wie möglich verlegen. Je
größer der Teich, desto mehr fleißige Helfer werden Sie brauchen, denn die Planen sind schwer. Achten Sie darauf, dass
die Plane überall weit genug über die Uferkante liegt. Durch
das Gewicht des Wassers zieht sie sich beim Befüllen nämlich etwas in das Teichbecken zurück.

🌼 Liegt die Plane im Teich, kann der Bodenablauf eingebaut
werden. Den brauchen Sie für die Filteranlage, wenn viele
Fische im Teich sind.

🌼 Und jetzt: Wasser marsch!
Erreicht der Pegel die Flachwasserzone, beginnen Sie, dort
die Feldsteine oder Kiesel auszulegen. Die Steine verdecken

zum einen die Plane, dienen aber auch als Substrat für die Pflanzen. Auch See- oder Teichrosenkörbe setzen Sie am besten ein, bevor der Teich voll Wasser ist. Steigt der Wasserstand über die Kiesel des Flachwasserbereichs, nimmt das Ganze Form an. Jetzt kann man schon erkennen, ob es (hoffentlich) so wird, wie man es sich vorgestellt hat.

☀ Zuletzt wird die Uferzone gestaltet, die den Teich vom Umfeld abgrenzt. Der größte Teil der Uferzone liegt oberhalb des Wasserspiegels. Ich lege dazu zuerst Feldsteine an den äußeren Rand für die spätere Vegetationsfläche, die Zwischenräume fülle ich mit Kieseln auf. So entsteht ein natürliches Bild, die Plane verschwindet unter den Steinen. Damit ist sie nicht nur unsichtbar, sondern auch vor Licht und scharfen Eiskanten geschützt. Das erhöht ihre Lebensdauer erheblich.

☀ Die Uferzone sollte unbedingt mit geeigneten Wasserpflanzen wie Sumpfdotterblumen, Binsen oder Ufer-Seggen bepflanzt werden. Die Kiesel reichen den Pflanzen als Substrat. Arbeiten Sie hier möglichst ohne Pflanzkörbe. Das wirkt naturgegebener und die Pflanzen können natürliche nachbarschaftliche Verhältnisse aufbauen.
Am Ende sollten weder Plane noch Pflanzgefäße, künstliche Kanten oder Rohre zu sehen sein. Um den Übergang vom Teich zum Garten noch fließender zu gestalten, eignen sich Stauden und ein paar Solitärgehölze am Teichrand. Schilf am Ufer sorgt dafür, dass die Uferzone im Winter zumindest teilweise eisfrei bleibt, was wichtig ist für den Sauerstoffgehalt des Wassers.

Je größer der Teich, desto besser das biologische Gleichgewicht. Denn je mehr Pflanzen im Flachwasserbereich stehen, umso mehr Nährstoffe werden gebunden und aufgenommen, das schränkt das Algenwachstum ein und sorgt für Artenvielfalt. Achten Sie bei Pflanzen für die Teichrandgestaltung auf Arten, die wenige Ausläufer bilden. Weiden zum Beispiel oder einige Bambusarten neigen dazu, mit ihren Wurzeln die Teichfolie zu durchbohren.

„Meine Hortensien blühen einfach nicht mehr – was tun?"

Peter Rasch: Wenn Sie eine Hortensie haben, die seit Jahren nicht blühen will, liegt das mit ziemlich hoher Wahrscheinlichkeit am Standort. So etwas wie „Blühmüdigkeit" gibt es nicht. Einigen Arten ist unser Klima einfach zu frisch. In so einem Fall hilft nur: Die Pflanze ausgraben, eintopfen, im Gewächshaus überwintern und erst rausstellen, wenn es keinen Frost mehr gibt. Robuste Sorten, die bei uns hervorragend gedeihen, sind zum Beispiel die weiße Hortensie „Schneeball" oder die rosa Sorte „Hamburg".

Viele Hortensienarten tragen im Herbst schon die Blütenansätze für das kommende Jahr. Für den Winter entwickeln sie ein natürliches Frostschutzmittel. Sobald es im neuen Jahr zum ersten Mal warm wird, baut die Pflanze diesen Frostschutz ab und will wachsen. Wenn es dann aber noch mal kalt wird, sollten Sie Ihre Hortensie lieber einpacken.

Hortensien lieben Wasser

Hortensien lieben Wasser, die Erde muss daher vor allem bei trockenem und warmem Wetter feucht gehalten werden. Bei anhaltender Hitze sollten Sie morgens und abends gießen, denn die Pflanzen verdunsten über ihre großen Blätter jede Menge Wasser.

Die beste Pflanzzeit für Hortensien ist der Spätsommer. Lassen Sie den Wurzelballen vor dem Pflanzen mindesten zehn Minuten in einem Eimer mit Wasser stehen, dann saugt er sich schön voll.

Nicht alle Hortensien lassen sich schneiden

Schneiden? Ja – mit Einschränkungen. Rispen- und Kletterhortensien bilden jedes Jahr neue Knospen. Die können Sie noch vor dem Winter in Form bringen. Die Bauernhortensie blüht nur am zweijährigen Holz. Entfernen Sie vor dem Winter also höchstens ein paar Triebe, wenn die Pflanze zu buschig wird,

Diese Bauern-hortensie hat nach der Blüte bereits Knospen fürs nächste Jahr angesetzt

und knipsen Sie die alten Blüten ab, sonst entstehen leicht Pilzerkrankungen. Aber genau gucken! Direkt darunter sind meist die neuen Knospen.

Wird Ihnen die Pflanze zu groß? Dann schneiden Sie die Bauernhortensie komplett zurück. So wird sie im neuen Jahr schön buschig, blüht aber erst wieder im Jahr darauf.

„Wie wird meine Hortensie wieder blau?"

Eigentlich sind auch die blauen Hortensien rosa. Bei der Zucht werden sie aber mit Aluminium-Alaun behandelt – Dünger und saurer Boden für Moorbeetpflanzen. Fehlt der Spezialdünger wird die Pflanze langsam ihre „echten" Blüten hervorbringen. Für stetiges Blau müssen Sie ein- bis zweimal im Jahr mit einem Spezialpräparat nachdüngen. Unbedingt im Frühjahr vor der Blüte, dann kann sich der blaue Farbstoff bilden und in den Knospen eingelagert werden. So weit die Theorie. In der Gartenpraxis kann es durchaus sein, dass sich verschiedenfarbige Blüten an einer Pflanze bilden. Blumen sind eben auch Lebewesen und die machen bekanntlich manchmal, was sie wollen.

RASEN UND ZIERPFLANZEN

„Was braucht die Rose, um schön zu blühen?"

Alles rund um Kultur- und Wildrosen

Peter Rasch: Sie gilt als die Königin der Blumen – und so soll sie dann auch aussehen, die Rose, wenn sie in unserem Garten wächst. Wer den richtigen Standort wählt und ein bisschen Zeit in Pflege und Schnitt investiert, wird sich an prächtigen, herrlich duftenden Blumen in seinem Garten erfreuen.

Grundsätzlich unterscheiden wir zwischen Wildrosen und Kulturrosen. Wildrosen sind naturbelassen, haben keine gefüllten Blüten und bilden Hagebutten. Bienen finden hier ausreichend Nahrung. Kulturrosen sind das Ergebnis professioneller Kreuzung und Veredelung. Sie tragen prachtvolle, üppige Blüten, sind aber auch empfindlicher. Ihre oft gefüllten Blüten bieten keinen Mehrwert für Insekten, denn sie weisen im Inneren eine viel höhere Anzahl an Blütenblättern auf, die Bienen und Co. den Zugang zu den Pollen versperren.

Alle Rosen lieben einen luftigen Platz an der Sonne. Pflanzen Sie sie also bevorzugt in Südlage, allerdings nicht direkt an der Hauswand, da wird es den Rosen schnell zu heiß. Schauen Sie nach dem Sonnenverlauf – ein bisschen Schatten macht nichts, aber fünf bis sechs Stunden Sonne am Tag sollte die Pflanze schon bekommen.

Beste Pflanzzeit ist der Herbst, auch für wurzelnackte Rosen. Bei Kulturrosen achten Sie unbedingt darauf, dass die Veredelungsstelle, die Verdickung am Wurzelhals, mindestens 5 Zentimeter tief in der Erde ist. Das Pflanzloch sollte so tief sein, dass die Wurzeln nicht geknickt werden. Vor dem Pflanzen den Wurzelballen ausgiebig wässern. In die Pflanzerde mischen Sie am besten etwas reifen Kompost, Hornspäne oder Sie nehmen spezielle Rosenerde, so wird die Pflanze gut mit Nährstoffen versorgt. Nach dem Einpflanzen kräftig gießen und anschließend etwa 15 Zentimeter Erde anhäufeln, das schützt vor Wind und Frost. Den Erdhügel im Frühjahr wieder entfernen.

Rosen düngen

Rosen sind Starkzehrer und brauchen viele Nährstoffe. Gedüngt wird zweimal im Jahr, einmal im Frühjahr (März/April), einmal nach der ersten Blüte (Juni/Juli). Am besten verwenden Sie einen organischen Rosendünger mit mehr Kalium als Stickstoff, den Sie um die Pflanze herum locker in den Boden einarbeiten. Düngergaben zum richtigen Zeitpunkt fördern die Blütenentwicklung und verhindern Rosenrost, Mehltau oder Sternrußtau. Um Pilzkrankheiten vorzubeugen, hilft es auch, vertrocknete Blüten, sogenannte Mumien, und Blätter regelmäßig zu entfernen. Bei öfter blühenden Rosen wie Buschrosen fördert das außerdem die Bildung neuer Blüten.

Gießen Sie Rosen mit abgestandenem, im besten Fall lauwarmem Wasser und früh am Morgen direkt im Wurzelbereich. Nie so, dass die Blätter nass werden, sonst entstehen leicht Pilzkrankheiten. Wer bei praller Sonne gießt, riskiert, dass die Blätter verbrennen. Wichtig: Staunässe vermeiden. Der Gartenboden sollte wasserdurchlässig, tiefgründig, humos und am besten lehmig-sandig sein. Halten Sie den Wurzelbereich unkrautfrei und lockern Sie hin und wieder die Erde mit Hacke oder Grabegabel auf.

Nur die Harten kommen in den Garten – Wildrosen sind robust und bieten Bienen und Co. ausreichend Nahrung

RASEN UND ZIERPFLANZEN

41

So schneiden Sie die Rose richtig: schräg etwa 5 Millimeter über einem nach außen stehenden Auge

Rückschnitt

Grundsätzlich gilt für alle Rosen: Alles, was trocken, verblüht oder tot ist, muss von der Pflanze und aus dem Beet entfernt werden. Sonst sammeln sich darin die Schädlinge und überwintern im Boden. Am besten in den Müll damit, denn über den Kompost könnten Pilzsporen oder andere Erreger wieder in den Gartenkreislauf gelangen.

Der wichtigste Zeitpunkt für den Rückschnitt ist das Frühjahr, wenn die Forsythie blüht. Dann ist so gut wie sicher, dass die gefährlichen Fröste vorbei sind. Sie erkennen das auch an der Rose selbst: Die Augen werden größer und färben sich rot, die neuen Triebe sind dann gut 1 Zentimeter lang.

Auch bei einer „Pflanzen-OP" ist sauberes Werkzeug extrem wichtig, damit keine Krankheitserreger auf andere Pflanzen übertragen werden. Die Rosenschere deshalb immer mit einem biologischen Desinfektionsmittel abwischen oder einem kleinen Brenner abflammen.

Geschnitten wird circa 5 Millimeter über einem nach außen stehenden Auge. Nur hier bilden sich neue Triebe, weil die Versorgungsbahnen der Pflanze dort entlanglaufen. Ein schräger Schnitt sorgt dafür, dass Wasser vom Auge weggeleitet wird. Nicht zu schräg, so bleibt die Verletzung klein.

Es gibt vier große Gruppen von Rosen: Zwergrosen, Beetrosen, Buschrosen und Kletterrosen, sie alle werden ein bisschen unterschiedlich geschnitten.

Zwergrose: möglichst gar nicht schneiden. Nur wenn sie sehr üppig gewachsen ist, ein bisschen ausdünnen.

Beetrose: richtig kurz schneiden. Ungefähr 15 Zentimeter sollten stehen bleiben, das heißt, über dem dritten/vierten Auge abschneiden. Pflanzenteile, die durch den Frost vertrocknet sind, fliegen raus. Ebenso sehr dünne Zweige, an ihnen sind nur kleine Blüten zu erwarten. Etwa fünf gut verteilte, kräftige Triebe bleiben stehen.

Buschrose: ruhig etwas mehr stehen lassen. Zuerst alles, was krank oder tot ist, abschneiden, dann die Zweige, die deutlich aus dem Busch herausragen oder herunterhängen. Auch ein oder zwei alte, verholzte Triebe können entfernt werden, um in der Mitte etwas Luft zu machen. Zuletzt werden alle Triebe um ein Drittel eingekürzt. Wenn Sie viel abschneiden, wird die Rose üppig blühen.

Kletterrose: die ersten vier Jahre nichts machen, dann einen Verjüngungsschnitt: Wir schneiden alles ab, was uns stört oder in den Weg hineinwächst. Dadurch wird die Kletterrose angeregt, neu und kräftig durchzutreiben. Ganz wichtig ist, dass wir unten aufräumen! Das heißt, auch mal einen alten Trieb ganz herausschneiden, damit ein paar junge Nachfolgetriebe eine Chance bekommen.

Balkonkasten –
Grundlagenwissen für Anfänger

Peter Rasch: Damit Ihnen das „Blühfeuerwerk" im Kasten gelingt, hier ein paar Grundregeln.

Am Anfang steht die Frage nach dem Material des Kastens. Während Kunststoff bei Gewicht und Haltbarkeit punktet, lässt die Optik manchmal zu wünschen übrig. Terracottakästen wirken natürlicher, sind dafür schwer und durchlässiger, Sie müssen öfter mit der Gießkanne ran. Egal, wie Sie sich entscheiden: Sparen Sie nicht an der Größe. Balkonblumen wachsen nicht nur in die Blüte, sie benötigen genauso viel Wurzelraum. Und je mehr Erde im Kasten ist, desto langsamer trocknet sie aus. Mindestens 20 Zentimeter hoch und breit sollte der Kasten sein. Außerdem: Aus dunklen Kästen verdunstet das Wasser deutlich schneller. Auf jeden Fall sollte der Balkonkasten einen Wasserspeicher haben.

Bevor Sie den neuen Blumenkasten bepflanzen, prüfen Sie, ob der Wasserablauf offen ist. Sonst nachbohren, damit Ihre Balkonlieblinge nicht absaufen. Eine Schicht aus Tonscherben ist eine hervorragende Drainage. Anschließend folgt eine 2 bis 3 Zentimeter dicke Schicht aus Blähton, darüber ein wasser- und luftdurchlässiges Vlies. Diese Sperrschicht verhindert, dass sich die Drainageschicht mit dem Pflanzsubstrat zusetzt.

Nehmen Sie Bio-Erde, wenn Sie aus Ihren Kästen ernten möchten. Auch bei Blühpflanzen sollte auf Nachhaltigkeit geachtet werden – möglichst wenig Torf! Entscheidend sind: Tongehalt und ein Langzeitdünger. Zum Ende der Saison sollte nachgedüngt werden.

Auf der Sonnenseite brauchen Sie echte Ausdauerfreunde: Geranien, Petunien, Strohblumen, Goldmarie, Wandelröschen ... Die Auswahl ist gigantisch. Auch für die Schattenseite findet sich eine Menge, wie kleinblättrige Hostas, Knollenbegonien, Silberstrohblumen, Fuchsien.

Es schlummert noch was unter der Bio-Blumenerde: über der Drainage liegt eine Schicht aus Blähton, abgedeckt mit wasser- und luftdurchlässigem Vlies

Pflanzen wachsen auch in die Breite. Damit sie sich nicht gegenseitig behindern, gilt die Faustregel: mit einer Handbreit Abstand, versetzt (hängende vorn, stehende hinten) und nur so tief einsetzen, dass der Wurzelballen leicht mit Erde bedeckt ist. 2 bis 3 Zentimeter Platz zur Oberkante des Kastens lassen, damit das Gießwasser nicht überläuft. Vor dem Pflanzen tauchen Sie den Ballen ausgiebig in Wasser. So kommen Ihre Pflänzchen voller Kraft in die Erde und haben es leichter, anzuwachsen. Bepflanzen Sie Ihre Balkonkästen erst nach den Eisheiligen! In der Regel ist die Gefahr für Spätfröste dann gebannt und Sie können sich bis zum Herbst an Ihrer Bepflanzung erfreuen.

„Wie bringe ich meinen Buchsbaum optimal in Form?"

Peter Rasch: Der Buchsbaum ist eigentlich in Mittel- und Süd-europa, Nordafrika und Westasien zu Hause – aber auch in fast jedem Park in Deutschland als Kugel, Säule oder Beeteinfassung. Schneiden können wir im Zeitraum von März bis September. Je öfter der Buchsbaum geschnitten wird, desto besser lässt er sich in Form bringen.

Der Grobschnitt, bei dem die Pflanze großzügig in die gewünschte Form geschnitten wird, sollte aber im April abgeschlossen sein. Der Buchsbaum befindet sich zu diesem Zeitpunkt noch in der Ruhephase. So heilen auch Verletzungen des alten Holzes, ohne dass der Buxus zu viel Pflanzensaft verliert.

Der Feinschnitt folgt, wenn die neuen Triebe ein paar Zentimeter gewachsen sind, was etwa Mitte Mai der Fall ist. Dabei werden maximal zwei Drittel der frischen Triebe zurückgeschnitten, so behält der Buchsbaum die gewünschte Form und wächst nicht aus. Das können Sie bis Anfang September wiederholen.

Ideal zum Frisieren sind bedeckter Himmel und trockenes Wetter, um Pilzbefall vorzubeugen. Bei Sonne droht Sonnenbrand, denn die tiefer sitzenden Blätter müssen sich nach dem Rückschnitt erst langsam an die Sonne gewöhnen.

Je nach Menge und Größe empfehle ich eine Akku-Heckensche-re. Sie können aber auch ganz traditionell mit einer Gartenschere (Schafschere) oder einer Formierschere schneiden. Alle Geräte sollten scharf sein, um Quetschungen der Sprossachsen und Blätter zu vermeiden. Wer sich beim Freihandschnitt nicht sicher ist, baut sich eine Formscheibe oder Schablone. So bekommen Sie leicht eine gleichmäßige Kugel hin.

Desinfizieren Sie das Schnittwerkzeug zwischendurch ruhig mal. Das ist besonders wichtig, wenn unsere immergrünen Lieblinge mit Pilzerkrankungen zu tun haben. Hier hilft meist nur ein

Aus Pappe ganz schnell eine Schablone gebastelt: So wird's (bleibt's) eine Kugel und kein Ei

starker Rückschnitt. Bei Neuanlagen sollte man auf Sorten wie „Faulkner" und „Herrenhausen" zurückgreifen, denn Klassiker wie „Blauer Heinz" sind besonders anfällig für Pilzkrankheiten. Im Winter das Gießen nicht vergessen! Immergrüne Gewächse brauchen auch bei kälteren Temperaturen regelmäßig Wasser. Gedüngt wird vom Frühjahr bis zum Sommer mit einem kalibetonten Dünger. Der Buchsbaum zeigt durch seine Blattfarbe genau an, ob Nährstoffbedarf besteht oder nicht.

Problemfall Buchsbaumzünsler:
Die Raupen dieses Kleinschmetterlings können Schäden durch Kahlfraß am Buchsbaum verursachen. Bei Befall stülpen Sie an heißen, sonnigen Tagen eine schwarze Plastiktüte über die Pflanze. Nach etwa einer halben Stunde wieder entfernen. Die hohen Temperaturen sind nicht schädlich für den Buchsbaum, der Zünsler aber überlebt die Insektensauna nicht.

„Die ruhige Ecke im Garten – gibt es eine rasche Lösung?"

Peter Rasch: Egal, wie gut man sich mit seinem Nachbarn versteht, es muss nicht sein, dass mir die Sportskanone von nebenan bei der Grillparty auf den Teller guckt: „Oh, schon die dritte Wurst und das zweite Bier?!" Ich liebe meine ungestörten Ecken im Garten. Ein Sichtschutz aus Pflanzen vermittelt natürliche Geborgenheit.

Neben den klassischen Heckenpflanzen werden auch die „schnellen" Varianten immer beliebter, zum Beispiel Bambus. Er wächst schon innerhalb eines Jahres zu einer blickdichten Wand heran – und das ganzjährig. Nehmen Sie am besten horstig wachsenden Schirmbambus (Fargesia), der breitet sich nicht über Ausläufer aus.

Ein Sichtschutz aus Pflanzen vermittelt natürliche Geborgenheit

Lücken lassen Sie grün zuwachsen mit Wildem Wein, Clematis, Efeu, Kletterhortensie oder Knöterich. Wenn es ganz schnell gehen soll, nehmen Sie einjährige Rankpflanzen. Sie wachsen sehr schnell in die Höhe, blühen meist den ganzen Sommer kräftig und liefern so auch den nützlichen Insekten Nahrung. Gute Kandidaten sind die Schwarzäugige Susanne, die Prunkwinde, der Rosenkelch, eine eher schlanke Pflanze, die man bis zu vier Meter prima an Säulen hochwachsen lassen kann, oder die Duftwicke mit ihren herrlich duftenden Blüten. Sie wächst schnell und bildet in kurzer Zeit eine grüne Wand mit vielen kleinen Farbtupfern.

Auf der Terrasse ist es natürlich am einfachsten, Kübel für den Sichtschutz zu nutzen. Die sollten mindestens 40 Liter Erde fassen, denn wenn die Pflanzen üppig wachsen sollen, brauchen sie Platz für die Wurzeln. Gleichzeitig bildet der Kübel das Gegenge-

Ruckzuck ist aus langen Ästen und etwas Draht eine Rankhilfe gebaut – bald sieht man sie nicht mehr, denn die einjährigen Rankpflanzen klettern in nur wenigen Wochen daran empor und überwuchern sie komplett

wicht, damit Ihre grüne Wand nicht beim ersten Sturm umkippt. Also lieber ein bisschen größer kaufen.

Rankgerüst selbst bauen

Als Substrat nehmen Sie eine gute Blumenerde. Direkt beim Pflanzen düngen Sie das erste Mal. Kletterpflanzen sind Starkzehrer, auch später brauchen sie regelmäßig etwas Zusatznahrung. Um in die Höhe zu wachsen, benötigen sie außerdem etwas zum Festhalten. Aus langen Ästen und etwas Draht oder Gartenschnur ist schnell ein einfaches Rankgerüst gebaut. Sie müssen sich gar nicht viel Mühe geben, es ist ohnehin bald nicht mehr zu sehen: Bei guter Pflege haben die einjährigen Rankpflanzen in zwei bis drei Wochen ihre Rankhilfe komplett übernommen. Auch um eine Unterbepflanzung brauchen Sie sich keine Gedanken zu machen, denn die Töpfe werden von den meisten Sorten gleich mit überwuchert.

„Warum bekommen meine Koniferen braune Stellen?"

Peter Rasch: Wer Konifere sagt, meint meist den Lebensbaum. Aber „Konifere" bedeutet „Zapfenträger" und zu dieser Pflanzengattung gehören alle Nadelbäume, auch Kiefern-, Zypressen- und Eibengewächse. Die Gehölze wachsen nur an ihren Triebspitzen, der Rest der Zweige hat das Wachstum für immer eingestellt und wird braun. Im Gegensatz zu Laubbäumen haben sie keine „schlafenden Augen" als Reserve. Das heißt: Schneiden Sie Koniferen einmal zu stark zurück, treiben sie nie wieder aus!

Also geht es bei den Koniferen hauptsächlich um einen Gesundheitsschnitt, der für vitales Wachstum und eine ansprechende Form sorgen soll. Schneiden Sie nur die frischen, grünen Spitzen der Bäume! Generell gilt, dass die Nadelgehölze lieber etwas öfter, dafür aber nur leicht zurückgeschnitten werden sollten. Schneiden Sie an bewölkten Tagen oder in den Abendstunden – denn die weiter innen liegenden Astpartien reagieren empfindlich auf die pralle Sonne, könnten austrocknen und absterben.

Lebensbäume, auch Thujen genannt, müssen eigentlich gar nicht geschnitten werden. Sie brauchen maximal Korrektur- und Pflegeschnitte: Abgeknickte, abgestorbene oder vertrocknete Äste kommen weg, bei sehr dichten, windanfälligen Kronen können Sie einzelne Äste herausnehmen.

Der beste Zeitpunkt für den Rückschnitt ist der Spätsommer ab Ende Juli. Bei Hecken kann ein zweiter Schnitt im Frühjahr nötig sein. Kiefern schneiden Sie am besten im Mai oder Anfang Juni. Für den Formschnitt oder als Hecke machen sich Sorten mit dichten Nadeln gut, etwa Eiben oder Lebensbäume, aber auch

Die einzige Ausnahme der oben beschriebenen Nadelgehölze bilden Eiben: Die vertragen sogar extremen Rückschnitt.

Fichten und Kiefern. Wenn Sie Ihre Koniferenhecke jahrelang nicht geschnitten haben, müssen Sie sich mit der vorhandenen Breite anfreunden oder eine neue pflanzen. Denn auch hier gilt: Wenn Sie mehr als die neuen Triebe zurückschneiden, bleiben kahle braune Wände aus trockenem Geäst zurück. Formen Sie die Hecken am besten etwas trapezförmig, also oben schmaler als unten. So bekommen alle Teile der Pflanze genug Licht, die Triebe wachsen besser und die Hecke ist robuster gegen Schädlinge und Krankheiten.

Nur die jungen grünen Triebe abschneiden, denn der Rest der Zweige wächst nicht mehr nach – was bleibt, sind trockene, braune Stellen

51

„Wie pflege ich meinen Oleander?"

Peter Rasch: Der Oleander gehört zu den beliebtesten mediterranen Kübelpflanzen. Kein Wunder: Er ist sehr genügsam und dadurch pflegeleicht. Der blühfreudige Strauch ist im Mittelmeerraum zu Hause, man findet ihn aber auch in Indien und China. Dort wächst er oft als sogenanntes Straßenbegleitgrün. Bei uns ist er im Garten oder auf der Terrasse ein echter Hingucker.

In großen Töpfen kommt der Oleander problemlos eine Weile ohne Wasserversorgung aus. Es steht also auch einer Woche Urlaub nichts im Wege. Wichtig ist allerdings, dass er Sonne hat: Je mehr Licht, umso mehr Blüten setzt er an. In kühlen, regnerischen Sommern blüht er darum deutlich weniger.

Wenn der Oleander regelmäßig gegossen und von März bis Dezember zweimal die Woche gedüngt wird, kann er bis vier Meter hoch werden. Übrigens: Er liebt es, von unten gegossen zu werden, so werden die Blüten nicht beschädigt und der Oleanderkrebs kann nicht so schnell entstehen.

Beim Schnittzeitpunkt kann man nicht viel falsch machen: Man kann ganzjährig schneiden. Triebe, die quer wachsen oder runterhängen, sollte man regelmäßig entfernen. Wenn Ihr Oleander blühfaul geworden ist, schneiden Sie drei bis vier alte

Was tun bei Oleanderkrebs? Es beginnt mit kleinen, abgestorbenen Gewebestellen oder missgebildeten Samenkapseln. Später kommt es zu dunklen und rissigen Wucherungen, die rasch größer werden, darüber sterben die Triebe ab. Ausgelöst wird die Krankheit durch Bakterien und es gibt kein biologisches oder chemisches Mittel dagegen. Einzige Möglichkeit: die betroffenen Triebe herausschneiden und entsorgen.

Der Oleander ist ein echter Hingucker und vermittelt uns das Gefühl von Urlaub auf der eigenen Terrasse

Triebe möglichst tief heraus. So wird neues Wachstum angeregt. Für den Verjüngungsschnitt empfehle ich das Frühjahr.

Ist Ihr Oleander zu groß geworden, können Sie ihn auch „auf Stock setzen". Das bedeutet: Die Pflanze wird auf 20 bis 40 Zentimeter zurückgeschnitten. Hierbei empfiehlt sich der Herbst oder der Frühwinter. Im kommenden Jahr blüht er nicht, dafür wächst der Oleander schön, buschig und kompakt und das Folgejahr wird Sie mit vielen Blüten belohnen.

Überwinterung

Räumen Sie Ihren Oleander möglichst spät ins Winterlager. Er verträgt Temperaturen bis zu - 5 Grad. Das Winterquartier sollte möglichst hell sein und regelmäßig gelüftet werden, denn auch Feuchtigkeit in der Überwinterung fördert den Oleanderkrebs. Achten Sie darauf, dass die Temperatur 10 Grad nicht übersteigt, da sonst vermehrt mit Krankheiten und Schädlingsbefall zu rechnen ist. Was ist noch wichtig? Wenig gießen, den Wurzelballen allerdings nicht austrocknen lassen, und Schädlingskontrolle. Wenn der Oleander im Winterlager sein Laub verliert – kein Grund zur Sorge: Im Frühling treibt er wieder neu aus.

„Wie kriege ich meine Exoten am besten durch den Winter?"

Frank Wonglorz: Exotische Pflanzen wie Zitronen- oder Orangenbäumchen, Palmen, Hibiskus, Agapanthus oder Oleander sind im Sommer natürlich Prachtstücke im Garten oder auf der Terrasse. Ein bisschen Sonne dazu und schon fühlt man sich wie in den Subtropen. Da kommen sie ja auch her – das heißt aber, diese Pflanzen sind nicht winterhart. Sie gut durch die frostige Jahreszeit zu bringen, ist für viele Pflanzenfreunde eine Herausforderung.

Das perfekte Winterquartier: Temperatur, Licht, Luft

Der Ort, an dem Ihre exotischen Pflanzen überwintern, sollte kühl und hell sein. Temperaturen zwischen 5 und 10 Grad sind ideal. Temperaturen über 10 Grad können schon zu warm sein. Idealerweise hat der Raum ein großes Südfenster.
Typische Winterquartiere sind unbeheizte Treppenhäuser, Garagen mit Fenster, Gartenhäuser, Schuppen oder Nebenräume. Letztere sind jedoch meist zu dunkel und außerdem ist es in der Wohnung zu warm.

Für die Fotosynthese brauchen Pflanzen hauptsächlich UVA-Licht, die kurzwelligen blauen und die langwelligen roten Bestandteile des Lichts, bis zu Infrarotstrahlung. Genau diese werden aber durch Fenster oft extrem reduziert. Beleuchten Sie die Pflanzen täglich also mindestens acht Stunden mit einem speziellen Pflanzenlicht.

Die einfachste Lösung ist, wenn Sie Ihre Lieblinge für die Winterruhe in die Hände von Experten geben. Einige Gärtnereien bieten ihren Kunden einen Lagerplatz im beheizbaren Gewächshaus an.

Schildläuse machen den Blättern zu schaffen – mit Seifenlauge rücken Sie ihnen zu Leibe

Ganz wichtig ist das regelmäßige Lüften. Sobald draußen mehr als 5 Grad sind, öffnen sich bei uns in der Gärtnerei die Tore der Gewächshäuser.

Feuchtigkeit und Schimmel sind große Feinde der Überwinterungsgäste. Deshalb ist es auch wichtig, die Pflanzen am besten täglich zu kontrollieren. Schauen Sie sich unbedingt die Unterseite der Blätter an! Da sitzen die Läuse zuerst. Je früher man die Schädlinge entdeckt, desto besser lassen sie sich bekämpfen. Der Spinnmilbe können Sie mit dem Wassersprüher zu Leibe rücken – sie hasst es feucht. Schild- und Wolllaus können, rechtzeitig erkannt, mit Seifenlauge beseitigt werden.

Wenn gesunde Blätter herunterfallen, ist das auch ein Warnzeichen, in der ersten Winterhälfte häufig für Lichtmangel. In der zweiten Winterhälfte entsteht Blattfall eher durch zu geringe Temperaturen im Wurzelbereich. Wenn Sie heruntergefallene gesunde Blätter entdecken, sollten Sie die Pflanze vorsichtig schütteln. Wenn weitere Blätter fallen, reduzieren Sie entweder die Temperatur oder verbessern Sie die Beleuchtung mit einer Pflanzenlampe.

Wichtig ist noch, dass die Pflanzen auch in der Winterruhe regelmäßig gegossen werden. Aber so, dass der Wurzelballen nur ganz mäßig feucht gehalten wird.

Obst und Gemüse –
die essbare Seite des Gartens

Die Möhre frisch aus dem Boden zu ziehen oder die Birne vom Baum zu pflücken und auf den Tisch zu bringen, ist für mich als Hobbykoch das Schönste, was es gibt! Und wenn man weiß, wie es geht, ist der Weg dahin gar nicht so schwer.

„Welche Gartenarbeiten mache ich zu welcher Jahreszeit?"

Peter Rasch: Regeln wie: „In der dritten Aprilwoche kommen die Kartoffeln in den Acker" können schon mal richtig in die Hose gehen. Besser, Sie orientieren sich am sogenannten phänologischen Kalender (siehe auch vordere Klappe). Der unterteilt das Jahr nicht in vier, sondern in zehn Vegetationsperioden. Bei der Bestimmung dieser „Jahreszeiten" helfen uns sogenannte Zeigerpflanzen wie Schneeglöckchen oder Holunder, aber auch Beobachtungen aus der Tierwelt wie die Rückkehr der Schwalben oder die ersten Maikäfer. Sie signalisieren: Jetzt ist es so weit. Mit diesem Kalender können wir im Einklang mit der Natur gärtnern und den richtigen Zeitpunkt für die Aussaat von Gemüse oder den Rückschnitt bestimmter Pflanzen finden.

1. Vorfrühling: Schneeglöckchen blühen

Die zarten Blüten der Schneeglöckchen kündigen das Ende des Winters an. Jetzt, das ist circa Ende Februar bis Ende März, ist der richtige Zeitraum, um Gemüse wie Tomaten, Kohlrabi, Sellerie und Paprika im Haus vorzuziehen. Im Garten können die Beete vorbereitet und Kompost ausgebracht werden. Bei frostfreiem, trockenem Wetter: Schneiden Sie Hecken, sommerblühende Gehölze und Obstbäume.

2. Erstfrühling: Forsythie blüht

Die gelben Blüten läuten das Nutzgartenjahr ein. Jetzt können Radieschen, Erbsen und Möhren ins Freiland ausgesät und erste Zwiebeln gesteckt werden. Im Haus oder im Frühbeet beginnt die Aussaat von Blumenkohl, Brokkoli, Kopfsalat, Gurken, Zucchini. Im Garten ist es Zeit, Rosen und Beerensträucher zu schneiden. Und jetzt ist die letzte Chance, die Obstbäume zu schneiden! Der Erstfrühling beginnt meist Ende März und dauert bis Ende April.

3. Vollfrühling: Apfelbäume blühen

Mit der Apfelblüte Mitte April bis Ende Mai können die meisten
Gemüsesorten ausgesät werden. Der Frühling ist in vollem Gan-
ge. Mais, Salate oder Möhren und Radieschen: Jetzt kann fast
alles in die Erde. Mit Bohnen und Gurken sollte man allerdings
bis zu den Eisheiligen Mitte Mai warten. Auch die vorgezogenen
Tomaten-, Zucchini- und Paprikapflanzen können nach diesem
Termin ins Freiland. Ab jetzt können wir Rasen anlegen und die
frühjahrsblühenden Gehölze schneiden.

4. Frühsommer: Holunder und Pfingstrose blühen

Wenn ab Anfang Juni Holunder und Pfingstrose blühen, ist die
richtige Zeit, um Wintergemüse wie Grünkohl und Rosenkohl
zu pflanzen. Außerdem können Bohnen, Sommerradieschen
und Sommersalate gesät werden – sowohl als Erst- als auch als

*Die Forsythie ist ein
guter Indikator für
die erste Aussaat
im Garten*

Folgesaat. Jetzt ist auch die richtige Zeit für den Heckenschnitt. Aber Vorsicht: Die Gehölze zuvor immer gründlich auf nistende Vögel untersuchen.

5. Hochsommer: Lavendel und Linden blühen, die ersten Johannisbeeren sind reif

Das ist meist ab Ende Juni der Fall. Fenchel, Chinakohl, Porree, Rote Bete und andere späte Gemüse können jetzt gesät und gepflanzt werden. Die Erdbeerernte geht zu Ende – ein guter Zeitpunkt, um mit Ablegern neue Beete anzulegen. Beerensträucher, Rosen und Kirschbäume können geschnitten werden.

6. Spätsommer: Heidekrautblüte und reife Frühäpfel

Der Spätsommer beginnt etwa Mitte August. Noch ist es nicht zu spät, um Gemüse wie Spitzkohl, Feldsalat oder Rettich auszusäen. Auch Radieschen können noch einmal ins Beet. Hecken dürfen jetzt einen zweiten Schnitt bekommen. Die Jahreszeit ist auch ideal, um den Kompost umzusetzen.

7. Frühherbst: Holunderbeeren und Pflaumen sind reif

Die schwarzen Beeren kündigen an: Bis etwa Mitte September können Zwiebeln von Tulpen und anderen Frühblühern gesetzt werden. Wer mag, sät noch einmal Feldsalat, Spinat, Radieschen aus. Auch der Rhabarber für das nächste Jahr sollte jetzt in die Erde. Der Rasen kann eine Herbstdüngung vertragen oder neu angelegt werden. Letzte Chance, die Hecken zu schneiden!

8. Vollherbst: Kastanien, Eicheln und Walnüsse sind reif

Ab Ende September zeigen reife Rosskastanien und erste Laubfärbungen den Vollherbst an. Der Zeitraum ist ideal, um Kom-

Auf der Internetseite des Deutschen Wetterdienstes (DWD) gibt es eine phänologische Uhr, die anzeigt, in welcher der zehn Vegetationsperioden wir uns gerade befinden. Sogar ortsgenau für jedes Bundesland.

post auf die Beete auszubringen und neue Obstbäume und Beerengehölze zu pflanzen. Knollen von Dahlien und Gladiolen sollten jetzt ausgegraben und zum Überwintern eingelagert werden. Wer noch keine Zwiebeln für Tulpen oder Narzissen gesetzt hat, kann diese noch pflanzen.

9. Spätherbst: Laubfärbung

Wenn die ersten Blätter fallen, etwa ab Mitte Oktober, stehen die letzten Arbeiten des Gartenjahrs an. Schlüsselblumen und Pfingstrosen sind Kaltkeimer, sie brauchen den Kältereiz, um aufzugehen, und sollten jetzt ins Beet. Außerdem ist nun die Zeit, um den Boden zu lockern, zu mulchen und so für den Winter vorzubereiten. Gartengeräte werden winterfest gemacht, kälteempfindliche Kübelpflanzen müssen spätestens jetzt ins Winterquartier.

10. Winter: Das Eichenlaub fällt

Ab Ende November, Anfang Dezember befinden auch wir Gärtner uns hauptsächlich in unserem Winterquartier. Wir kontrollieren höchstens die Kübelpflanzen im Winterlager oder holen uns Grün- oder Rosenkohl fürs Mittagessen aus dem Garten. Wer einen Akkubohrer mit Schlag hat, kann auch Bärlauch aussäen. Dafür ein paar Löcher in den Boden bohren, Samen hineingeben und die Erde wieder drauf.

Fruchtwechsel – Vierfelderwirtschaft

Peter Rasch: Vierfelderwirtschaft – das hört sich ein bisschen nach sozialistischer Landwirtschaft an. Das Prinzip ist aber viel älter. Schon die alten Römer erkannten den Sinn des Fruchtwechsels und führten die Zweifelderwirtschaft ein. Daraus wurde die Drei- und später die Vierfelderwirtschaft, die bis heute Bestand hat. Es handelt sich um ein Rotationsprinzip im Garten: drei Jahre Anbau, ein Jahr Regeneration für den Boden. Jede Pflanzengruppe zieht jährlich ein Beet weiter. Schon unsere Vorfahren wussten, dass man mit dem Boden behutsam umgehen muss, um ihn gesund zu halten und dauerhaft gute Erträge zu erzielen. Bevor die Chemie in die Gärten einzog, war das essenziell. Und heute, wo wir wieder versuchen, unser Gemüse natürlich und ohne chemische Zusätze anzubauen, ist dieses alte Wissen wichtiger denn je.

Der Gartenplan

Wer einen Garten hat, sollte auch einen Plan haben. Gar nicht aufwendig muss er sein – es reicht ein grob gezeichneter Plan Ihrer Beete und Notizen daneben, was wo wächst. Ich rate Ihnen aber davon ab, das auf einem losen Blatt zu notieren, das verschwindet schneller, als Ihnen lieb ist. Legen Sie sich am besten ein kleines Gartenbuch an, in das Sie alles eintragen, was für Ihren Garten wichtig ist. So wissen Sie immer, wo Sie nachschauen können. Mal ehrlich, wer kann sich nach dem Winter noch erinnern, was auf jedem Beet stand?
Der Gartenplan ist auch wichtig über die Jahre, denn unsere Kulturen sollten im Garten regelmäßig umziehen. Faustregel: Frühestens nach vier Jahren sollten die Pflanzen wieder an derselben Stelle stehen. Auch das können Sie wunderbar in Ihrem Gartenplan dokumentieren.

Der Fruchtwechsel

Der Nährstoffbedarf der Gemüsearten im Garten ist sehr unterschiedlich. Daher teilen wir die Pflanzen in Stark-, Mittel- und

Schwachzehrer ein. Eine Liste der häufigsten Kulturen im Garten finden Sie im Anhang (auf Seite 138).

Und so funktioniert die Vierfelderwirtschaft: Das erste Jahr ist das sogenannte Brachejahr. Der Boden kann sich ausruhen und Kraft tanken. Als Unterstützung wird Kompost ausgebracht und organischer Dünger eingearbeitet. Dazu eignet sich abgelagerter oder kompostierter Mist, getrockneter Rinderdung, Rizinusschrot, Hornspäne oder Trester. Eine gute Ergänzung ist etwas Steinmehl, wegen des hohen Gehalts an Spurenelementen. Anschließend wird die Gründüngung ausgesät.

Im zweiten Jahr geht der Boden dann mit einem maximalen Nährstoffvorrat in die Saison. Jetzt kommt die Zeit der sogenannten Starkzehrer – also der Pflanzen, die viele Nährstoffe brauchen. Sie benötigen auf dem ausgeruhten Boden jedoch kaum Zusätze. Im Frühjahr können Sie den Boden mit drei bis vier Liter Kompost pro Quadratmeter aufpeppen. In der Wachstumsphase bekommen die Pflanzen dann zwei- bis dreimal eine Kopfdüngung mit Brennnesseljauche (zur Herstellung von Pflanzenjauche siehe Seite 112). Bei Bedarf kann das Starkzehrer-Beet Anfang Juni mit 30 bis 50 Gramm Hornmehl pro Quadratmeter nachgedüngt werden.

Bei richtigem Fruchtwechsel kommen sogar magere Böden ohne Mineraldünger aus. Auch wenn Sie rein organisch düngen, gilt: Lassen Sie alle drei bis vier Jahre im Januar Ihren Boden auf seinen Nährstoffgehalt untersuchen! Stellt sich heraus, dass er, wie die meisten Gemüsegärten in Deutschland, zu viel Phosphat enthält, sollten Sie keinen Kompost mehr aufbringen und stattdessen nur mit Hornmehl düngen.

Vierfelderwirtschaft macht unsere Pflanzen ertragreicher und widerstandsfähiger – und uns glücklich

Im dritten Jahr folgen die Mittelzehrer. Auch hier können Sie das Beet im Frühjahr wieder mit etwas Kompost und organischem Dünger versorgen. In der Hauptwachstumszeit bekommen die Pflanzen ab und zu einen kräftigen Schluck Pflanzenjauche (vorsichtig bei Spinat, Salat und Roter Bete – gleich verrate ich, warum). Nach der Saison der Mittelzehrer ist ein großer Teil des Nährstoffvorrats im Boden aufgebraucht.

Im vierten Jahr haben die Schwachzehrer ihren Auftritt. Das sind die Pflanzen, die mit wenigen Nährstoffen zurechtkommen. Leguminosen wie Erbsen und Bohnen legen jetzt schon wieder Stickstoffspeicher an, die dem Boden in der nächsten Saison zugutekommen. Die Schwachzehrer sollten, wenn nötig, nur ganz sparsam gedüngt werden. Spinat, Salat und viele Kräuter sind sogenannte Nitratsammler. Bekommen sie zu viel Dünger, lagern sie das Nitrat ein – und hohe Nitratwerte im Gemüse sind ungesund. Danach ist der Boden ausgelaugt und darf ein Jahr pausieren mit Gründüngung. Gründüngung bezeichnet das gezielte Anbauen von Pflanzen, die den Boden verbessern. Anders als Nutzpflanzen werden sie normalerweise nicht geerntet, sondern gemulcht oder untergegraben.

Dank der Vierfelderwirtschaft können Sie immer 75 Prozent Ihres Gartens aktiv bewirtschaften. Das setzt natürlich voraus, dass Ihr Garten groß genug ist.

Mithilfe des Rotationsprinzips sind die Pflanzen auch widerstandsfähiger gegen Schädlinge und Krankheiten. Erreger der Kohlhernie zum Beispiel bleiben nämlich im Boden. Wenn im darauffolgenden Jahr kein Kohl auf der Parzelle wächst, verhungern sie und sterben ab. Ähnlich verhält es sich bei Schädlingen wie den Wurzelnematoden oder der Gemüsefliege. Auch deren Eier und Puppen überwintern im Boden. Bei richtigem Fruchtwechsel werden auch sie durch „Hungerperioden" dezimiert.

Pflanzenfamilien

Damit die Vierfelderwirtschaft funktioniert, müssen Sie bei der Fruchtfolge aber auf die Pflanzenfamilien achten. Wenn Sie nacheinander Kulturen aus derselben Pflanzenfamilie anbauen, können sich Krankheiten und Schädlinge erhalten. Deshalb sollte Gemüse derselben Pflanzenfamilie nicht in Folge angebaut werden. Wechseln Sie zwischen Kreuzblütlern, Schmetterlingsblütlern, Doldenblütlern, Gänsefußgewächsen, Nachtschattenund Kürbisgewächsen (hierzu finden Sie eine Tabelle im Anhang auf Seite 138).

Wie immer gibt es natürlich auch Ausnahmen: Tomaten werden immer an derselben Stelle gepflanzt. Sie wachsen am besten da, wo schon vorher Tomaten standen. Rhabarber bleibt auch über Jahre als Dauergast am selben Standort. Erdbeeren wachsen drei Jahre im selben Beet, Spargel sogar acht bis zehn Jahre.

Ausnahmen: Tomaten & Co.

Wer mit wem? Gute Nachbarn – schlechte Nachbarn

Schlau kombinieren

Peter Rasch: Wenn man seinen Nachbarn nicht riechen kann, verwenden wir viel Zeit darauf, uns über den Spinner von nebenan zu ärgern. Zeit, in der wir etwas schaffen könnten. Wieso erzähle ich das? Ganz einfach: Dasselbe gilt für Pflanzen. Auch sie kommen nicht voran, wenn sie sich mit jemandem das Beet teilen müssen, mit dem sie nicht zurechtkommen. Wurzelausscheidungen und Duftstoffe spielen in der Pflanzenwelt eine wichtige Rolle. Genau wie bei uns. Auch Pflanzen können sich manchmal einfach nicht riechen. Wenn man sie zwingt, im Garten nebeneinanderzustehen, bleiben sie klein oder gehen sogar ein.

Sympathien und Abneigungen kann man übrigens auch am Wurzelwuchs erkennen: Die Wurzeln von Pflanzen, die sich nicht leiden können, distanzieren sich voneinander und ziehen sich jeweils auf engsten Raum zurück. Dann wachsen die Pflanzen nicht mehr ordentlich. Wurzelarten, die sich „sympathisch" sind, verflechten sich regelrecht im Untergrund miteinander.

Diese Auswahl an „Erzfeinden" sollten Sie auf keinen Fall in ein Beet stecken:

- Salat und Petersilie
- Fenchel und Tomaten
- Buschbohnen und Zwiebeln
- Kohl und Zwiebeln
- Tomaten und Erbsen
- Erbsen und Bohnen
- Kartoffeln und Tomaten
- Kohl und Senf
- Kartoffeln und Sonnenblumen

Es gibt zum Glück weit mehr Nachbarn, die gut miteinander auskommen, als umgekehrt. Und einige Pflanzen wachsen sogar üppiger und gesünder in ganz bestimmter Gesellschaft. Wissenschaftler nennen so eine Interessensgemeinschaft „Biozönose".

Kräuter und Blumen wie Tagetes schützen Ihr Gemüse vor Schädlingen

Dieses Wissen ist Gold wert für Hobbygärtner, denn es verbessert die Erträge und spart Chemie.

Kartoffeln und dicke Bohnen wachsen zum Beispiel besonders gut zusammen. Dill liebt es, zwischen Gurkenranken zu wachsen. Am Ende darf er ja auch mit ins Einweckglas.

Und es gibt sogar Pflanzen, die den Geschmack ihres Nachbarn verbessern: Kartoffeln sind besonders wohlschmeckend, wenn Kümmel oder Koriander daneben wächst. Dill und Möhren beeinflussen sich ebenfalls positiv. Und Kresse macht Radieschen scharf – rein geschmacklich, natürlich.

Einige Kombinationen sind gemeinsam stark gegen Schädlinge. Schnittsellerie schützt Kohl vor Raupen und Erdflöhen. Auch der Duft von Kräutern wie Salbei, Thymian und Pfefferminze hält den Kohlweißling und andere Falter fern. Das Aroma des Bohnenkrauts schützt Bohnen vor schwarzen Läusen. Oder Ringelblumen und Tagetes: Sie machen Ihren Obst- und Gemüsegarten nicht nur schöner, sondern wehren aktiv Schädlinge ab. Kapuzinerkresse und Gartenkresse sollen Tomaten und sogar Obstbäume vor Blatt- und Blutläusen schützen.

Eine Wer-mit-wem-Liste mit den üblichen Verdächtigen finden Sie im Anhang (Seite 136).

„Warum klappt es nicht mit der Petersilie in meinem Garten?"

Peter Rasch: Petersilie ist zwar das beliebteste Küchenkraut der Deutschen, wird aber eher als Nebenprodukt im Garten behandelt. Oft wird sie in eine Ecke gesät oder gepflanzt, in der gerade noch Platz ist. Und dann passiert es: Zuerst läuft alles prima, plötzlich wird sie gelb, dann geht sie ein.

In 90 Prozent der Fälle ist der achtlos gewählte Standort das Problem. Die Petersilie „leidet" nämlich unter sogenannter Selbstunverträglichkeit: Für sie müssen Sie jedes Jahr einen neuen Standort suchen. Frühestens nach vier Jahren darf die Petersilie erst wieder am selben Platz stehen.

Und nicht nur das, Petersilie ist ein Doldenblütler, genauso wie Möhre, Dill, Koriander, Fenchel, Sellerie, Kerbel und Pastinake. Die dürfen möglichst vier Jahre nicht hintereinander an derselben Stelle im Garten wachsen. Mein Tipp also: In Ihrem Gartenplan immer schön die Fruchtfolge im Blick behalten!

Wenn das geklärt ist, kommen wir zu den Bedingungen, die die Petersilie liebt:
· lockeren, humusreichen Boden für die Aussaat
· Reihenabstand von 20 Zentimetern
· eine Bodentemperatur über 8 Grad
· gut verschlossene Saatreihen, denn die Petersilie ist ein absoluter Dunkelkeimer.

Und dann brauchen Sie noch Geduld, denn bei 8 Grad benötigt die Petersilie etwa vier Wochen bis zum Auflaufen.

Petersilienpflanzen selbst vorziehen

Schneller geht's mit vorgezogenen Petersilienpflanzen – entweder beim Fachhändler kaufen oder auf der Fensterbank vorziehen. Saatgut ein paar Stunden in warmem Wasser einweichen und anschließend auf einem Esslöffel mit einem Schluck Was-

Die Petersilie ist Deutschlands beliebtestes Küchenkraut – damit sie so kräftig grünt und gedeiht, braucht sie aber auch entsprechende Pflege und vor allem den richtigen Standort

ser aussäen. Noch 1 bis 2 Zentimeter Erde darübersieben. Bei 20 Grad auf der Fensterbank läuft die Saat in nur 14 Tagen auf.

Besonders praktisch an kräftigen, vorgezogenen Kräutern ist, dass Sie den Platz im Garten optimal ausnutzen können, weil sich die Pflanzabstände exakt bestimmen lassen. Außerdem sind die Pflanzen robuster gegen Fressfeinde und Krankheiten. Gegen Schnecken sollten Sie die Jungpflanzen auf jeden Fall schützen. Auch Vögel sind im zeitigen Frühjahr scharf auf frisches Grün. In kühlen Nächten das junge Kraut am besten noch mit einem leichten Gartenvlies abdecken.

Radieschen-Trick

Säen Sie ein paar Radieschen mit in die Reihe, so erkennen Sie schneller, wo Sie gesät haben. Wenn die abgeerntet sind, ist unsere Petersilie so weit. Und achten Sie auf das Produktionsdatum des Saatguts: Nach zwei Jahren lässt die Keimfähigkeit stark nach, dann lieber neu kaufen.

OBST UND GEMÜSE

„Wann gieße ich am besten meine Pflanzen und wie viel ist genug?"

Peter Rasch: Im Frühjahr und Sommer bleibt es oft mehrere Tage lang trocken, gerade wenn die Pflanzen dringend Nährstoffe und reichlich Wasser brauchen, weil sich Blüten und Früchte bilden. Dann ist regelmäßiges Wässern das Wichtigste. Selbst nach einem Regenschauer können unsere Beete oft noch einen zusätzlichen Guss vertragen.

Der häufigste Bewässerungsfehler ist, dass zwar oft, aber zu wenig gegossen wird. Das kann für die Pflanzen sogar schlimmer sein, als sie mal gar nicht zu wässern. Sie gewöhnen sich so an kleine, regelmäßige Dosen und bilden nur flache Wurzeln aus. Werden sie dann mal nicht wie gewohnt gegossen, reagieren sie unmittelbar auf das fehlende Wasser. Also: Lieber seltener, dafür intensiv wässern. Ein gute Menge sind 10 bis 20 Liter pro Quadratmeter.

Woran erkenne ich, wie viel Wasser mein Boden noch benötigt?

Ich habe einen Regenmesser im Garten: einen kleinen Becher mit einer Skala für die gefallene Regenmenge. Ich nutze ihn auch unter dem Sprenger. Genau wie bei echtem Niederschlag kann ich so ablesen, was unten ankommt. Alternativ können Sie auch die Spatenprobe machen: Wenn der Boden über die gesamte Tiefe eines Spatenstichs feucht ist, ist noch alles im grünen Bereich.

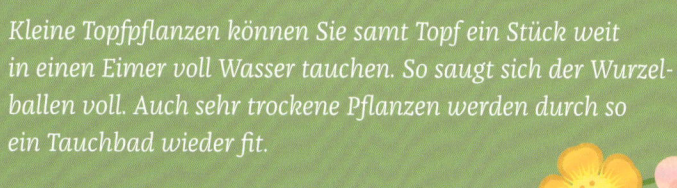

Kleine Topfpflanzen können Sie samt Topf ein Stück weit in einen Eimer voll Wasser tauchen. So saugt sich der Wurzelballen voll. Auch sehr trockene Pflanzen werden durch so ein Tauchbad wieder fit.

Am besten morgens gießen

Genau und auf einen Blick: Der Regenmesser misst die Menge des Niederschlags

Gießen ist was für Frühaufsteher. In den Morgenstunden sind die Pflanzen noch kühl von der Nacht, kaltes Gießwasser macht ihnen nicht so viel aus. Sind sie vom Tag aufgeheizt, wirkt 8 Grad kaltes Wasser wie ein Schock. Weil die Sonne morgens noch nicht so heiß ist, verdunstet außerdem nicht so viel von dem kostbaren Nass. Der Boden hat Zeit, sich mit Wasser vollzusaugen. Pflanzen, die beim Gießen nass geworden sind, können in der milden Morgensonne trocknen. Je höher die Sonne steht, desto größer ist die Gefahr, dass Blätter verbrennen.

Wenn Sie nur abends gießen können, sollten Sie warten, bis die Sonne nicht mehr so kräftig scheint. Regenwasser ist ideal, denn es ist weich und hat die beste Temperatur. Wenn Sie nur Leitungswasser haben, nutzen Sie abgestandenes, nicht so kaltes. Und gießen Sie nicht zu spät. Die Pflanzen sollten die Gelegenheit haben, abzutrocknen. Gehen sie nass in die Nacht, steigt das Risiko für Pilzkrankheiten extrem.

Kübelpflanzen benötigen bei hochsommerlichen Temperaturen zweimal täglich ihre Ration Wasser. Weil sie nur einen begrenzten Wasservorrat speichern können, gießen Sie am besten morgens und abends.

„Was hilft mir beim Bewässern im Garten?"

Peter Rasch: Der Sommer hat manchmal so heiße Tage, dass ein Teil des Wassers aus Gießkanne oder Brause schon verdunstet ist, bevor es die Pflanzen überhaupt erreicht. Und was ist, wenn ich nicht die Zeit habe, jeden Tag in den Garten zu gehen oder gar zu fahren, um zu gießen? Kurzum: Wie bewässere ich effektiver?

Unterirdische Bewässerung

Nehmen wir die Tomatenpflanze als gutes Beispiel, denn die soll ohnehin nur von unten gegossen werden. Deshalb buddele ich schon beim Pflanzen der Tomate einen Blumentopf direkt neben dem Wurzelballen ins Beet ein. Am besten ein bisschen schräg, sodass das Loch im Boden in Richtung Ballen zeigt. Aus diesem Abflussloch sickert das Wasser, das ich in den eingebuddelten Blumentopf gieße, direkt dorthin, wo die Wurzeln sind.

Mit der unterirdischen Bewässerung fördern wir das Wurzelwachstum nach unten, denn Wurzeln folgen immer dem Wasser. Und das ist gut, denn so hat die Pflanze auch bei Trockenheit eine größere Chance, zu überleben, weil sich die Feuchtigkeit weiter unten im Boden länger hält. Gießt man nur von oben, suchen sich die Wurzeln einen Weg flach unter der oberen Erdschicht, die als erste austrocknet.

Ähnliches Prinzip mit größerem Wasservorrat: eine Reihe kleiner Löcher in einen Plastikkanister bohren, eingraben, Wasser einfüllen. Je nach Gefäßgröße und Wetter wird Ihre Pflanze drei bis vier Tage gut mit Wasser versorgt. Viel besser als Plastik im Garten ist natürlich ein Bewässerungsgefäß aus Ton (Olla – spanisch, gesprochen: Oja). Es wird bei wenig Energie gebrannt, ist deswegen sehr großporig und gibt das Wasser ganz langsam ab. Ideal zur Bewässerung des Hochbeets. Ein kleines Gefäß, das etwa 20 cm hoch und 10 breit ist, bewässert einen Bereich von 30 Zentimetern, größere Modelle schaffen fast anderthalb Meter.

Geben Sie ruhig mal Arbeit ab – wie an die Olla, unseren umweltfreundlichen Helfer aus Ton

So kommt das Wasser beim Gießen auch wirklich an der Wurzel an

Wichtig bei den Tongefäßen ist: Im Herbst müssen sie unbedingt aus dem Boden geholt werden! Sonst können sie kaputt frieren. Und: Decken Sie die Öffnungen ab. Sonst nutzen Stechmücken die Wasserspeicher als Kinderzimmer für ihren Nachwuchs.

Eine kleinere Variante für Blumenkübel und Balkonkästen: Tonspitzen, die in die Erde gesteckt und mit einer Wasserflasche bestückt werden. Bei großen Töpfen oder Kästen müssen Sie mehrere Tonspitzen einsetzen, wenn Sie in den Urlaub fahren.

Opa hat immer gesagt: „Einmal hacken ist wie einmal gießen", denn durchs Hacken wird die Oberfläche gebrochen und das Wasser dringt leichter und damit tiefer in den Boden ein.

„Gemüse ohne Garten – geht das auch?"

Peter Rasch: Ich habe im Laufe der Jahre meinen Gemüsegarten lieben gelernt, in dem ich frisches, gesundes Gemüse ernten kann. Aber nicht jeder hat Platz für Beete. Man kann das eigene Gemüse allerdings auch auf dem Balkon anbauen. Nicht unbedingt eine Kürbisfarm, aber fangen wir klein an …

Am einfachsten umzusetzen ist ein kleiner Kräutergarten und schon der bedeutet einen Quantensprung in der Küche. Frische Kräuter schmecken nun mal viel besser als irgendetwas aus der Tüte. Einfach einen Blumenkasten ans Balkongeländer und einpflanzen, was regelmäßig auf dem Speiseplan steht. Dort haben die Pflanzen Sonne und Luft und bekommen auch noch ab und zu einen Regenguss ab. Auch wenn sie pflegeleicht sind, passen Sie auf, dass der Boden nicht austrocknet, und mischen Sie ab und an einen biologischen Kräuterdünger ins Gießwasser.

Tomaten, Gurken, Paprika, Sellerie, Möhren, Kohlrabi, Radieschen, Salat oder Süßkartoffeln – auch das geht auf dem Balkon. Radieschen einfach in den Balkonkasten säen, die brauchen nicht viel Platz. Auch zwei oder drei Salatköpfe sollten funktionieren. Praktisch ist Pflücksalat: Immer die unteren Blätter für die Stulle abschneiden, oben wächst er weiter.
Größere Pflanzen wie Tomate oder Gurke kommen in einen Kübel oder in Pflanztaschen aus robustem Gewebe: 40 × 90 Zen-

Ideal ist übrigens, wenn der Wind durch die Pflanzen wehen kann. Blätter und Früchte trocknen so nach einem Regenschauer oder nach dem Gießen schneller und haben weniger Probleme mit Krankheiten, Pilzbefall und Schädlingen.
Auch auf dem Balkon ist ein Regenmesser praktisch. So können Sie abschätzen, ob der Regenguss ausgereicht hat oder Sie lieber noch einmal nachgießen sollten.

timeter – schon fast richtige Beete. Die sind dann auch hoch genug, um zum Beispiel Möhren auszusäen. Der Vorteil: Sie kosten nicht viel und Sie können sie, wenn sie nicht gebraucht werden, zusammenfalten und im Regal verstauen.

Ganz wichtig ist die Erde. Bitte nehmen Sie keine normale Blumenerde, die ist vollgepumpt mit Kunstdünger. Ich empfehle den Anbau von Gemüse in guter Gartenerde oder Bio-Pflanzerde. So können Sie sich Ihr Gemüse und Ihre Kräuter aus eigener Balkonernte richtig schmecken lassen. Guten Appetit!

Noch weniger Platz? Vertikalgarten!

Alles beginnt mit einer kleinen Europalette. Die wird von hinten bespannt mit festem Gartenvlies oder Teichfolie. Letztere hat den Vorteil, dass keine Feuchtigkeit nach hinten austritt. In die Palette passen gut 25 Kilo Erde. Damit die Erde in der Palette bleibt, können Sie auch die Vorderseite mit einem Gartenvlies bespannen. Pflanzen Sie hängende Kräuter wie Thymian, Minze, hängende Erdbeeren oder Gundermann für die Sommerbowle. Wer möchte, kann seine Europalette natürlich noch ein bisschen farbenfroh bepinseln. Allerdings ist nach zwei Wochen guter Pflege sowieso alles zugewachsen.

Wichtig ist, dass Sie ein gutes Substrat nehmen, denn mit dem Düngen und Gießen ist es in der Vertikalen nicht so leicht. Am besten lehnen Sie das Vertikalbeet leicht schräg gegen die Wand oder das Balkongeländer, dann gießt es sich leichter. Wässern Sie mit einer kleinen Kanne schön langsam direkt an den Pflanzen.

Variante für die Fensterbank: Sprossen, Keimlinge & Co.

Frisches Brot, Kräuterquark und obendrauf knackige Sprossen – das ist so lecker! Sprossen kann man natürlich auch kaufen. Dann bezahlt man aber ganz schnell zwei, drei Euro für eine

Frischer geht's nicht! Und selbst im Winter haben Sie selbst gezogenes Minigemüse im Haus, sogar im 20. Stock

kleine Schale, dabei sind sie ganz einfach selbstgezüchtet. So leicht geht's mit Kresse: Ein Stück Küchenpapier anfeuchten, in eine Auflaufform legen und Samen draufstreuen. Nach ein paar Tagen ist das Minigemüse fertig. Nehmen Sie nur unbehandeltes Saatgut, also Biosaatgut oder Samen, die speziell für die Sprossenzucht bestimmt sind.

Andere, wie z.B. Radieschensprossen im Keimglas: Das kann man fertig kaufen, aber auch selbst basteln. Bohren Sie kleine Löcher in ein Glas mit Schraubdeckel aus Plastik (Nussnougatcreme o. Ä.) – fertig! Schraubdeckel aus Blech eignen sich nicht so gut, denn sie rosten schnell. Jetzt ein paar Samen hinein und acht bis zehn Stunden in Wasser vorweichen, dann das Wasser abgießen. Zweimal am Tag schön durchspülen – ruhig eine Minute im Wasser stehen lassen, damit sich die kleinen Pflänzchen vollsaugen können. Das Wässern ist auch wichtig, um Bakterien aus dem Glas zu spülen. Nach fünf Tagen können Sie ernten. Das Schöne an Sprossen, Keimlingen und Miniblattgemüsen ist, dass die Kleinen oft noch intensiver schmecken als die Großen.

Wichtig ist Sauberkeit. Wir wollen Keimlinge züchten, keine Keime. Deshalb die Gerätschaften gründlich sauber machen, bevor sie wieder benutzt werden, Hände waschen und auch während der Zucht nicht mit den Fingern in den Gläsern herumfummeln!

„Wie bereite ich mein Gewächshaus vor?"

Peter Rasch: Das Gewächshaus startet neben dem Frühbeet als erste Fläche in unserem Garten in die neue Saison. Steht es auf Ihrem gewachsenen Gartenboden, haben Sie beim Vorbereiten recht wenig Arbeit: spatentief umgraben reicht als Grundlage aus. Der Boden sollte nicht zu fein, eher krümelig sein, so können ihn die Pflanzen besser durchwurzeln. Ein sandiger Lehmboden mit ausreichend Humus ist für Jungpflanzen optimal und fördert das Bodenleben.

Nährstoffe im Gewächshaus werden schneller abgebaut als im Freiland, weil durch die höheren Temperaturen das Bodenleben aktiver ist. Deshalb muss der Boden jährlich mit Nährstoffen versorgt werden (alles von der Bodenanalyse über die benötigten Nährstoffe für den Boden bis hin zu Düngemitteln finden Sie ab Seite 104). Für den Gemüse- bzw. Kräuteranbau sind in den tiefer liegenden Bodenschichten ein pH-Wert zwischen 6 und 7 wünschenswert und folgende Nährstoffe: 15 bis 25 mg Kaliumoxid, 15 mg Magnesium sowie 15 bis 25 mg Phosphat (auf 100 g Boden).

Bessern Sie den Boden mit Kompost und Stalldung mit reichlich Stroh auf. Das Stroh sollte klein gehäckselt sein. Gut verrotteter Rinder- oder Pferdemist eignet sich ganz hervorragend. Rechnen

Wenn Sie Ihrem Gewächshausboden eine Auszeit gönnen wollen, pflanzen Sie ein Jahr lang die Tomaten einfach in Säcken mit Pflanzenerde (keine Blumenerde – zu viel chemischer Dünger) an. Legen Sie die Säcke auf die Beete (vorher von unten mit der Gabel ein paar Löcher reinpiksen, damit das Wasser ablaufen kann) und schneiden Löcher hinein, in die Sie die Tomaten pflanzen.

Sie mit 5 bis 10 Kilogramm Mist pro Quadratmeter. Künstliche Dünger wie Blaukorn brauchen Sie nicht. Das Geld können Sie sich sparen. Heben Sie das Beet gut eineinhalb Spaten tief aus und füllen Sie die Grube mit dem Gemisch. Die Erde kommt dann wieder darüber. Frischen Mist sollten Sie schon im Herbst einarbeiten, damit er sich über den Winter etwas zersetzen kann. Für die Wurzeln der Jungpflanzen ist er sonst zu scharf.

Auch wenn Tomaten und Gurken ganz unterschiedliche Ansprüche haben: Sie können beide Pflanzen in Ihrem Gewächshaus ziehen. Die Gurkenpflanze mag es warm, feucht und verträgt keinen Durchzug. Die Tomate mag es nicht ganz so warm, dafür sonnig und luftig. Reservieren Sie also im hinteren Bereich des Treibhauses einen Platz für die Gurkenpflanzen, möglichst auf der sonnenabgewandten Seite. Als zusätzlichen Schutz können Sie mit etwas Folie und ein paar Dachlatten eine zweite Klimazone aufbauen – sozusagen ein Gewächshaus im Gewächshaus. Vorn, weiter an der Tür, wo es kühler ist, bekommen die Tomaten ihren Platz. Große Hitze wirkt sich nämlich negativ auf den Geschmack der Nachtschattengewächse aus. Wenn Sie etwas kühler stehen und langsamer wachsen dürfen, schmecken sie später deutlich aromatischer.

Damit die Gurken keinen Zug abbekommen und es schön warm haben – das Gewächshaus im Gewächshaus

„Was mache ich, wenn es im Gewächshaus zu heiß wird?"

Peter Rasch: Hitze bedeutet auch für Pflanzen Stress. Dabei könnte man denken, wenn die Tomaten es richtig schön warm haben, wachsen sie wie verrückt. Das ist ist auch so, aber nur bis 30 Grad. Bei mehr als 40 Grad ist auch bei den Gurken Schluss mit lustig, die Eiweiße werden zerstört. Gurken und Tomaten sehen dann manchmal aus, als hätte man sie gekocht.

Wir müssen also im Sommer die Temperatur senken. Ein kleiner Lüfter kann da schon Abhilfe schaffen. Solarbetriebene Lüftungssets für Gewächshäuser gibt es ab 30 bis 100 Euro, die legen automatisch los, sobald die Sonne scheint. Wird es akut heiß, kann auch der alte Standventilator einspringen. Stellen Sie ihn einen Meter weit ins Gewächshaus hinein und richten Sie ihn auf die Lüftungsklappe aus.

Ist Ihr Gewächshaus aus Echtglas, brutzelt die Sonne direkt aufs Blatt – sorgen Sie unbedingt für zusätzlichen Schatten. Ideal ist Schattierstoff aus dem Gewächshausbau, der ist aluminiumbeschichtet und reflektiert einen Teil der Sonnenstrahlung. Wir können auch eine Schilfmatte nehmen, weißes Unkrautvlies oder ein Bettlaken. Wichtig: Die Lüftungsklappen müssen frei bleiben. Eine Außenschattierung ist am effektivsten, weil das Licht vor der Scheibe ausgesperrt wird. Aber sie ist windanfällig. Wenn's also eine Innenschattierung sein soll: Einfach ein paar Drähte spannen und den Stoff innen unter den Scheiben aufhängen.

Auch Mehl kann im Gewächshaus Schatten spenden. Das Rezept: 150 Gramm Mehl und 300 Milliliter Wasser zu einem dünnen Teig verrühren. Das funktioniert auch mit Schlämmkreide, die wäscht sich aber relativ schnell wieder ab. Mehl klebt durch das Gluten besser, erhöht allerdings den Putzaufwand im Herbst. Die angerührte Schattierfarbe können Sie von innen und von außen auftragen. Von außen muss man sie wegen des Regens vielleicht ein- oder zweimal im Sommer erneuern. Innen hält sie gut, macht aber ein bisschen mehr Arbeit beim Abwaschen.

„… und was, wenn im Gewächshaus Frost droht?"

Kerzen bannen die Frostgefahr in kleinen Gewächshäusern und schaffen zudem eine superromantische Stimmung

Peter Rasch: Im Frühjahr benutzen wir das Gewächshaus, um die ersten Kulturen ein bisschen früher in der Erde zu haben oder um Jungpflanzen für den Garten vorzuziehen. Bis zu den Eisheiligen kann es aber nachts noch empfindlich kalt werden. Auch im Gewächshaus rutschen die Temperatur dann unter die Nullgradmarke. Gefahr für unsere zarten Jungpflanzen!

Hat Ihr Gewächshaus eine Heizung, sind Sie fein raus. Die mobile Variante ist ein elektrischer Frostwächter: kleine Heizgeräte mit 200 bis 500 Watt Leistung und einem Thermostat. Das können Sie zum Beispiel auf 2 Grad plus einstellen. Wird die Temperatur zu niedrig, laufen Heizung und Gebläse automatisch an. Da warme Luft nach oben steigt und kalte nach unten sinkt, stellen Sie die Heizung auf den Boden des Gewächshauses.

Es gibt auch Alternativen ohne Strom. Stellen Sie eine Regentonne oder ein anderes großes Gefäß ins Gewächshaus und füllen Sie es mit Wasser. Tagsüber heizt sich das Wasser durch die Sonne auf, in der Nacht gibt es die Wärme wieder ab. Das reicht in der Regel, um die Frostgefahr zu bannen. In einem kleinen Gewächshaus kann man auch abends ein paar dicke Kerzen oder ganz viele Teelichte anzünden. Die erzeugen genug Wärme, so dass es nicht friert.

„Putzfimmel hinter Glas – wie mache ich mein Gewächshaus winterfein?"

Peter Rasch: Gleich nach der letzten Ernte kann im Herbst alles raus aus dem Gewächshaus. Und wo wir schon beim Aufräumen sind, machen wir doch gleich richtig sauber. Sauberkeit ist ein wichtiger Bestandteil des biologischen Pflanzenschutzes. Da in unserem Gewächshaus stets ein warmes, feuchtes Klima vorherrscht, bilden sich leicht Schimmel und Keime, die sich unter diesen Bedingungen schnell verbreiten und auf Setzlinge und Pflanzen übergreifen können.

Pflanzenreste, heruntergefallenes Laub und alles, was am Boden wächst, sollte sorgfältig entfernt werden, denn dort können sich Pilzsporen verstecken und vermehren. Bei der Gelegenheit bauen Sie auch gleich die Bewässerungsanlage aus, denn die muss ebenfalls gründlich gereinigt werden, bevor sie im nächsten Jahr wieder zum Einsatz kommt. Werkzeuge, Töpfe, Dünger etc. werden aus dem Treibhaus geräumt. Alle Regale sollten für die gründliche Reinigung leer und gut zugänglich sein.

Wir gehen auf Nummer sicher: Schnüre, die als Rankhilfe dienten, fliegen raus. Auch dort könnten die Eier von Schädlingen oder Pilzsporen überwintern. Die Bänder abnehmen, auskochen und wiederverwenden.

Gelb- und Blautafeln sollten Sie gründlich reinigen! Das geht mit handelsüblichem Pinselreiniger: Schon ein kleiner Schluck auf einem Lappen genügt, um die klebrige Schicht samt eingefangener Schädlinge loszuwerden. Im Frühjahr werden sie dann mit neuem, klebrigem Lockstoff bestrichen und sind wieder einsatzbereit.

Elektrokabel wie das der Heizung werden gern vergessen. Auch die müssen raus beim Herbstputz. Außerhalb des Gewächshauses lassen sie sich leichter reinigen. Strom abstellen und die feste Elektroinstallation vor Wasser schützen, denn jetzt kommt die Hauptreinigung des Gewächshauses bis in die kleinsten Ecken.

Mit der Reinigung beginnen Sie außen. Ganz wichtig ist das Glas. Nur wenn die Scheiben richtig sauber sind, bekommen die Pflanzen im Frühjahr genug Licht. Dem Schmutz rücken Sie am besten mit einem Dampf- oder Hochdruckreiniger zu Leibe. Bei dünnen Glasscheiben halten Sie unbedingt ausreichend Abstand, sonst muss schnell mal neu verglast werden. Schonender ist natürlich die Handwäsche mit Schwamm, Bürste und Abzieher. Bei hartnäckigen Verschmutzungen können Sie Gallseife oder Waschsoda zu Hilfe nehmen.

Bei der Innenreinigung fangen Sie von oben an und arbeiten sich vom Dach über die Wände nach unten. Moos, Algen und Schmutz sammeln sich gern in Ecken, an die man nicht gut herankommt. Die größten Keimherde sind Kanten der Metallprofile, Stöße, Überlappungen, Lüftungsklappen – da sitzt der meiste Schmutz. Putzen Sie dort besonders gründlich. Innen nur umweltfreundliche Reinigungsmittel verwenden! Chemische Substanzen verteilen sich schnell in der Luft oder gelangen mit dem Wasser in den Boden. Verzichten Sie auf die üblichen Haushaltsreiniger, die könnten den Pflanzen mehr schaden, als Ihre Reinigungsaktion nützt. Kalkablagerungen lassen sich mit Essigessenz entfernen.

Erledigen Sie auch gleich die notwendigen Reparaturen. Nach der Grundreinigung sprühen Sie noch einmal alles – Arbeitsflächen, Töpfe, Gewächshausecken und -kanten – mit einem ökologischen (umweltfreundlich und giftfrei) Desinfektionsmittel ein.

Die größten Keimherde sitzen an Kanten der Metallprofile, Stößen, Überlappungen und Lüftungsklappen, hier überwintern die Eier von Schädlingen oder Pilzsporen – also: besonders gründlich reinigen!

Tomaten – säen, pflanzen, richtig pflegen

Frank Wonglorz: Tomaten sind wie Babys: Man muss sich jeden Tag um sie kümmern, damit sie kräftig und gesund wachsen.

Los geht es mit der Aussaat, ich mache das Ende März: eine kleine Schale mit Anzuchterde füllen, die Samen ausstreuen und etwas Erde drübersieben. Nach dem Angießen sollten sie so hell wie möglich stehen. Die ideale Temperatur ist zwischen 18 und 22 Grad und keine Zugluft. Nach drei bis vier Tagen brechen die Schalen der Saatkörner auf und die Keimlinge kommen heraus.

Nach zehn bis 14 Tagen sind die Pflänzchen etwas gewachsen. Jetzt sollten sie nicht zu warm stehen, sonst wachsen sie dünn und lang. Verringern Sie die Temperatur von Tag zu Tag. Das Ziel: nachts 16 Grad, tagsüber höchstens 20. So wachsen die Tomatenpflänzchen langsamer, werden dadurch gedrungener, bekommen eine kräftige Sprossachse und lassen sich später besser pikieren (vereinzeln).

Wenn die Sämlinge nach den beiden Keimblättern die ersten beiden richtigen Blätter entwickelt haben, werden sie vereinzelt. Mit einem Pikierstab heben Sie die schönsten Pflanzen vorsichtig (nicht die Wurzeln verletzen!) aus der Anzuchterde und pflanzen sie in etwa 9 Zentimeter große Töpfe. Mit dem Pikierstab wird ein Loch in die Erde gebohrt und die Wurzel möglichst gerade hineingesetzt.

Jetzt brauchen die Pflanzen Ruhe und gleichmäßige Temperaturen – wieder 16 bis 20 Grad. Nach etwa vier Wochen rausstellen, wenn es das Wetter zulässt. Ende April, Anfang Mai sollten die ersten Wurzeln unten aus dem Topf herauswachsen. Jetzt ist Zeit zum Pflanzen im Freiland oder im Gewächshaus.

Tomatenpflanzen brauchen einen nährstoffreichen und durchlässigen Boden, Staunässe vertragen sie nicht. Der Standort sollte sonnig, windgeschützt und möglichst überdacht sein. Außer-

dem brauchen sie viel Energie, um zu wachsen und Früchte zu tragen. Sind sie erst mal im Beet, sollten wir auch düngen.

Tomaten können sich selbst bestäuben. Mithilfe einer elektrischen Zahnbürste können Sie im Gewächshaus oder auf der Fensterbank aber nachhelfen, die Blüten ordentlich durchzurütteln, sodass sich möglichst viele Pollen aus den Pollensäcken lösen und auf die Narben fallen.

Alles, was sich über sieben Blütenständen hinaus bildet, schneiden Sie ab. Ab September können Sie alle neuen Blütenstände ausbrechen, daraus werden keine reifen Früchte mehr. Entfernen Sie außerdem alle Blätter unterhalb des ersten Fruchtstands. Die Pflanze entwickelt sich dann besser, die unteren Früchte bekommen mehr Licht, reifen schneller und auch Krankheiten breiten sich nicht so schnell aus.

Wichtig: Die Pflanze einmal pro Woche auf Geiztriebe untersuchen! Die bilden sich zwischen Sprossachse und Blatt. Brechen Sie die Geiztriebe einfach heraus

85

„Kann ich meine Lieblingstomaten mit eigenem Saatgut vermehren?"

Frank Wonglorz: Wer eine besonders leckere Tomatensorte entdeckt hat, kann relativ einfach Samen aus der Frucht gewinnen. Bescheid wissen muss man dabei über den einen grundlegenden Unterschied der Tomatensorten: Es gibt die samenfesten Sorten, meist historische Sorten, die über Jahrzehnte in unseren Gärten angebaut und immer wieder nachgezüchtet wurden, und moderne Züchtungen, die sogenannten F1-Hybride. Letztere bleiben nur eine Generation lang stabil, will man dieselbe Sorte wieder säen, muss man neues Saatgut kaufen.

Wenn Sie samenfestes Saatgut haben, können Sie Ihre Lieblingstomaten immer wieder nachziehen. Die alten Sorten sind gut an hiesige Bedingungen angepasst und haben eine große Sorten- und Geschmacksvielfalt. Samenfestes Saatgut bekommen Sie im Fachhandel, über Vereine oder Sie entdecken auf dem Markt eine alte Sorte, die Ihnen gefällt, und entnehmen die Samen selbst.

Gewinnen Sie Saatgut nur aus reifen, gesunden Tomaten. Die Samen sind in der Frucht von einer gallertartigen Masse umhüllt, die dafür sorgt, dass die Saat nicht schon in der Frucht keimt. Also Fruchtfleisch essen, Samen in ein Glas mit Wasser geben. Nach drei bis vier Tagen lösen sich die Schutzhüllen. Im Küchensieb die Samen abwaschen und auf Küchenpapier trocknen.

In unserer Gärtnerei lassen wir ein besonders schönes Exemplar jeder Sorte liegen, bis die Frucht anfängt zu gären. Das löst zum einen die Schutzhülle um die Samen, macht die Samenkapsel etwas weicher, sodass es der Keimling später nicht so schwer hat, und man spart sich den Zwischenschritt mit dem Wasserglas. Also direkt von der Tomate ins Küchensieb!

Wenn die Samen trocken und gut verschlossen gelagert werden, halten sie etwa fünf Jahre. Wer sichergehen möchte, dass das Saatgut noch in Ordnung ist, sollte vor der Aussaat eine Keimprobe machen.

Schöner Mist mit dem Mist: Vorsicht beim Düngen!

Mist ist ein natürlicher, preiswerter Dünger. Hin und wieder gibt es aber ein böses Erwachen, wenn an den Tomatenpflanzen eigenartig verkrüppelte Blätter, Blüten und Früchte wachsen. Der Grund ist das Herbizid Simplex® mit dem Wirkstoff Aminopyralid, das Landwirte auf ihren Weiden unter anderem gegen giftige Kreuzkrautarten einsetzen. Über das Futter wird der Wirkstoff von den Tieren aufgenommen. Das ist kein Problem, sie scheiden ihn unverändert wieder aus. Aber über diesen Umweg gelangt Aminopyralid in unseren Garten. Einige Kulturen reagieren schon auf geringste Mengen sehr empfindlich, zum Beispiel Kartoffeln, Möhren, Stiefmütterchen, Salat und Tomaten.

Befallene Pflanzen sollten Sie direkt entsorgen – bitte auf keinen Fall auf den Kompost, sondern in die Restmülltonne! Das Beet müssen Sie großflächig ausschachten und die Erde erneuern. Neues Jahr, neues Glück!

OBST UND GEMÜSE

„Kann ich Erdbeeren auch noch im Frühjahr pflanzen?"

Peter Rasch: Na klar! Das Erdbeerbeet wird eigentlich im Juli oder August für die Ernte im nächsten Frühjahr angelegt. Aber ich kenne das: Der Sommer ist so schön, wir wollen baden gehen, Ausflüge mit den Kindern ... Genießen Sie die Zeit lieber und bevor es im nächsten Jahr gar keine Erdbeeren gibt, kommt hier meine Lösung für die Frühjahrspflanzung.

Schnell das richtige Beet aussuchen: Was mögen Erdbeeren? Lockeren, humusreichen Boden, ausreichend Nährstoffe und die Erde im Beet sollte sich ein wenig gesetzt haben. Der Reihenabstand: etwa 80 Zentimeter, die Pflanzen werden alle 30 bis 35 Zentimeter gesetzt. Die Zwischenräume können so gut mit Stroh ausgestreut werden und man tritt beim Ernten nicht auf die Früchte.

Die passenden Pflanzen finden Sie in der Gärtnerei oder im Gartenfachmarkt. Zum einen wären da die vorgezogenen Jungpflanzen im Topf, die kann man im Frühling überall kaufen. Allerdings sind sie recht klein und frostempfindlich. Sie dürfen also nicht zu früh ins Beet und müssen nachts gegebenenfalls z.B. mit einem Vlies zugedeckt werden. Und weil Sie jetzt erst pflanzen, gibt es in diesem Jahr auch nicht so viele Früchte. Aber zum Naschen reicht es.

Gedacht sind die mehrfach tragenden Sorten eigentlich für Balkon oder Terrasse. Die Erdbeere, die man beim Blumengießen mal eben vernaschen kann. Auch wenn Sie sehr schön rosa blühen, bitte die Erdbeeren auf keinen Fall in normale Blumenerde pflanzen! Die enthält viel zu viel ungesunden Kunstdünger. Nehmen Sie besser Bio-Gartenerde.

Mehrfach blühende Erdbeerpflanzen bringen keinen Ernterekorde. Dafür sind sie besonders hübsch und den ganzen Sommer über wachsen neue Blüten und Früchte zum Naschen während des Blumengießens

Die zweite Möglichkeit sind mehrfach tragende Sorten. Auch diese kann man im Frühjahr im Topf kaufen und dann ins Beet pflanzen. Allerdings tragen sie nicht viele oder eher kleine Früchte. Dafür blühen sie zwei- oder dreimal im Jahr.

Bei den meisten Hobbygärtnern noch unbekannt sind die sogenannten Frostpflanzen. Sie haben schon sehr lange, kräftige Wurzeln, brauchen also ein tiefes Pflanzloch. Das kommt, weil sie schon ein Jahr auf dem Feld hinter sich haben. Im vergangenen Herbst wurden sie ausgegraben und im Kühlhaus in Winterschlaf versetzt. Wenn Sie ein Nullgrad-Gemüsefach im Kühlschrank haben, können Sie selbst den Erntezeitpunkt bestimmen. Zehn bis zwölf Wochen dauert es vom Einpflanzen bis zu den ersten reifen Früchten. Pflanzzeit ist Ende April bis Mitte Juni. Sie können die Frostpflanzen also in kleinen Grüppchen aus dem Kühlschrank holen und zeitversetzt einpflanzen. Dementsprechend verlängert sich dann Ihre Erdbeersaison.

„Der eigene Obstbaum – worauf muss ich achten?"

Peter Rasch: Der eigene Obstbaum – das ist fast wie heiraten. Im besten Fall ist es eine Wahl fürs Leben. Da sollten Sie auf keinen Fall den erstbesten nehmen.

Um die richtige Sorte zu finden, ist der Herbst ein guter Zeitpunkt. Fahren Sie zu einem regionalen Obsthof und probieren Sie. Hier erfahren Sie auch, wann das Obst reif ist, wie lagerfähig es ist und natürlich – am allerwichtigsten –, welches Ihnen am besten schmeckt.

Entgegen der landläufigen Meinung ist die Größe eines Baums nicht sortenabhängig. Die Wuchshöhe wird vor allem durch die Veredelungsunterlage bestimmt. Und die sollte zu Ihrem Boden passen. Apfelbäume zum Beispiel lieben von Natur aus eher schwere, lehmige Böden – nährstoffreich und nicht zu sauer. Ihr Baumschulgärtner weiß, welche Veredelungsunterlage zu Ihrem Boden passt. Lassen Sie sich unbedingt beraten!

Erinnern Sie sich an den Geschmack einer Apfelsorte, die Sie in den Ferien immer bei Oma gegessen haben? Die guten, alten Obstsorten – leider sind sie nur noch bedingt zu empfehlen. Wer heute den richtigen Obstbaum finden möchte, kommt an den neuen Sorten nicht vorbei. Sie sind widerstandsfähiger, zum Beispiel gegen Schorf und Mehltau.

Und der Klimawandel? Seit 1975 hat sich das Klima um etwa 1,5 Grad erwärmt. Die Folge: Die meisten Bäume blühen zwei bis drei Wochen früher als noch vor 45 Jahren, was sie für Spätfröste viel anfälliger macht. Die Hersteller bemühen sich um Sorten, die damit besser zurechtkommen.

Wenn Sie in Ihrem Garten mehrere Obstbäume pflanzen, empfehle ich eine Sortenvielfalt aus alten und neuen Sorten. Natürlich sollten die Bäume zueinander passen. Apfel, Birne und Süßkirsche brauchen bis auf wenige Ausnahmen eine passende

Auf dem Sorten-schild direkt am Baum finden Sie alles, was Sie wissen müssen: An-gaben zu Standort, Veredelungsunter-lage, Wuchshöhe, Platzbedarf und Befruchtersorte. Aber lassen Sie sich trotzdem gut be-raten!

Befruchtersorte. Pflaumen wachsen oft auch so, aber fremd-bestäubte Bäume liefern mehr Früchte. Lugen Sie also mal über den Zaun und schauen Sie, was beim Nachbarn so alles wächst ...

Die ideale Pflanzzeit für Obstbäume ist der Herbst. Dann hat der Baum genug Zeit, Wurzeln zu bilden, bevor die Vegetationsphase beginnt und er Blätter, Blüten und Früchte bilden muss. Pflanzen Sie die Bäume immer so ein, dass die Veredelungsstelle ein paar Zentimeter aus dem Boden herausguckt.

Fragen Sie zur Wahl der richtigen Obst(baum)sorte ruhig mal beim Pomologen-Verein (Pomologie = Obstbaukunde) in Ihrer Region nach, dort können sie Ihnen garantiert gute Tipps geben.

„Wann und wie schneide ich Obstbäume richtig?"

Frank Wonglorz: Warum muss man einen Baum überhaupt schneiden? Man sollte doch denken, dass er von Natur aus so wächst, wie es sein muss. In unseren Gärten finden sich aber Sorten, die über lange Zeit gezüchtet wurden. Und die blühen intensiver und tragen schönere Früchte, wenn man sie ab und zu beschneidet.

Der beste Zeitpunkt: der Baum in Ruhe

Der Spätwinter, kurz bevor das Wachstum wieder beginnt, ist für den Baumschnitt ideal. Von Januar bis Ende Februar bieten sich dafür sonnige, trockene und nicht zu kalte Tage an. Dann kann man auch die Struktur des Baums gut erkennen, weil er kein Laub trägt. Hinzu kommt, dass der Wassertransport im Stamm noch heruntergefahren ist, wodurch die Schnittstellen besser abtrocknen können. Auf keinen Fall sollten Sie die Säge ansetzen, wenn die Pflanzen „Stress" haben. Also nicht unter – 5 Grad und auch der heiße Sommer fällt aus. Ab August beginnen die Bäume nämlich langsam, lebenswichtige Stoffe für den Neuaustrieb im Frühjahr aus der Krone abzuziehen und in die Wurzeln einzulagern. Wunden können jetzt nicht so gut heilen.
Die Ausnahmen bestätigen die Regel: Kirschen schneidet man im Sommer während oder nach der Ernte, Pfirsichbäume im Frühjahr beim Austrieb.

Erstes Ziel: nicht zu dichte Krone

Unser Ziel beim Baumschnitt ist im Allgemeinen eine ausgewogene, nicht zu dichte Krone. Denn das vermindert die Gefahr von Pilzerkrankungen und die Früchte bekommen mehr Licht zum Reifen. Starker Rückschnitt hat im Übrigen immer einen genauso starken Austrieb zur Folge: Die Bäume versuchen, das Gleichgewicht zwischen Ast- und Wurzelmasse wiederherzustellen. Wenn Sie Äste und Zweige also einfach nur einkürzen, treiben sie mit vielen Trieben neu aus – die Krone wird dichter als vor-

„Den Obstbaum so schneiden, dass man einen Hut durchwerfen kann" – bitte nicht zu wörtlich nehmen! Triebe am Hauptast, wie der hier, sollten unbedingt stehen bleiben, um die Krone zu formen

her. Wir müssen also gut auswählen, welche Triebe wir erhalten wollen und welche wir entfernen. Äste, die sich kreuzen und aneinanderscheuern, werden beseitigt, Bereiche, die von Krankheiten befallen sind, herausgenommen, Totholz wird entfernt.

Sie sollten im Blick behalten, welche Zweige am kräftigsten sind oder schöne Knospen tragen. Die bleiben dran. Aber nur wenn sie nicht mit den Trieben anderer großer Äste ins Gehege kommen. Neue Triebe, die quer durch den Baum schießen, nehme ich auch heraus. An einem Ast sollten jeweils zwei bis drei Triebe etwa in einem Abstand von 60 Zentimetern stehen bleiben. Dabei behalte ich die Triebe, die am kräftigsten sind und in die Richtung wachsen, in die ich meine Krone formen möchte.

Zweites Ziel: bequeme Obsternte

Apfel- und Birnbäume tragen die besten Früchte an zweijährigen Blütentrieben. Die älteren Zweige tragen mit der Zeit immer weniger und hängen herunter. Schneiden Sie die tief hängenden, oft stark verästelten Fruchttriebe hinter einem jüngeren, vitalen Seitentrieb ab. Daraus bildet sich dann ein neuer Zweig, der wieder mehr Früchte trägt („Verjüngungsschnitt").

Fotomontage vorher – nachher: ein radikaler Schnitt für diesen alten Birnbaum, damit man sein Obst wieder bequem ernten kann

Bei alten Bäumen verhindern wir, dass sie weiter in die Höhe wachsen. Natürlich ist es ehrenhaft, etwas für die Vögel dranzulassen, aber es geht vor allem darum, dass wir unser Obst ernten können, ohne uns allzu sehr verbiegen zu müssen. Oberhalb von fünf oder sechs Metern können wir den Baum also radikal zurückschneiden und dafür lieber junge Triebe im unteren Bereich fördern.

Wunden gut versorgen

Sind Äste durch starken Wind oder die Last der Früchte in der Vorsaison abgebrochen oder angeknackst, müssen sie möglichst sauber vom Baum entfernt werden. Die Schnittflächen sollten immer etwas schräg sein, sodass das Wasser ablaufen kann. Schneiden Sie nah am Stamm oder Hauptast „auf Astring", wie man es nennt, um Sekundärinfektionen vorzubeugen und dem Baum das Überwallen der Schnittwunde zu erleichtern. Der Astring ist der Wulst am Astansatz, sein Teilungsgewebe überwuchert die Schnittstelle und verschließt sie mit neuer Rinde – der perfekte Wundverschluss. Große Schnittstellen sollte man beobachten und schauen, wie sie sich entwickeln.

Manchmal muss man im Folgejahr noch einmal nacharbeiten. Mein Rat: Auch wenn es länger dauert: Arbeiten Sie in Etappen! Große Äste reißen beim Absägen oft Rindenstreifen vom Stamm. Sägen Sie den Ast also 20 Zentimeter vom Stamm entfernt von unten an. Dann sägen Sie ihn eine Handbreit nach außen von oben durch. Reißt Rinde ab, wird das vom ersten Schnitt gestoppt. Den verbleibenden Stummel sägen Sie von oben sauber auf Astring ab und setzen die Säge dabei vom Stamm weg leicht schräg an.

Lassen Sie keine „Kleiderhaken" stehen. Die Aststummel vertrocknen, reißen ein oder zerfasern. Damit können sie zur Eintrittspforte für Krankheitserreger, Pilze oder Fäulnis werden. Über jede Schnittwunde können natürlich Schaderreger eindringen.

Vermeiden Sie große, raue Wunden! Ausgefranste Ränder beschneiden Sie mit einem sauberen, scharfen Messer.

Wenn Sie sauber arbeiten, haben Wundverschlussmittel keine Vorteile. Die Schnitte heilen ohne sogar besser. Sie können höchstens das Rindengewebe mit Wundverschlussmittel bestreichen, damit es nicht austrocknet.

Ganz wichtig sind gutes, blitzsauberes, scharfes Werkzeug (wie bei einer OP) und stabile Leitern. Schauen Sie genau, wo Sie Ihre Leiter anlehnen! Nicht, dass Sie einen trockenen Ast erwischen und damit abbrechen. Besser noch: Benutzen Sie eine Stehleiter. Das ist bei Kirschbäumen besonders wichtig, denn die Äste brechen sehr schnell. Wenn es zu kompliziert wird, holen Sie sich einen Profi an die Seite, der Erfahrung und das passende Werkzeug mitbringt.

„Trägt Spalierobst wirklich mehr Früchte?"

Peter Rasch: Nicht jeder hat in seinem Garten Platz für eine Obstplantage. Aber Bäume müssen ja auch nicht immer „rund" sein und viel Platz wegnehmen. Jeder Baum kann geformt werden. Am Spalier wird zum Beispiel der Obstbaum flach und verbraucht nicht mehr Platz als eine Hecke. So ein platzsparender Miniobstbaum kann auch an der Hauswand wachsen, als Sichtschutz an der Terrasse oder in einem große Kübel auf dem Balkon.

Als Spalierobst bezeichnet man Obstbäume, die an einem Rankgerüst gezogen werden. Entsprechende Spaliergehölze können Sie fertig beim Gärtner oder in der Baumschule kaufen. Dadurch, dass die Äste an diesem Gerüst befestigt werden, dehnen sich die Kronen nur in zwei Richtungen aus und beanspruchen so wesentlich weniger Platz als frei wachsende Obstbäume.

Bäume müssen nicht immer „rund" sein und viel Platz wegnehmen

Als Spalierbaum kann ein handelsüblicher Obstbaum genommen werden. Am besten eignen sich aber Bäume mit einer schwach bis mittelstark wachsenden Veredelungsunterlage, bei Äpfeln zum Beispiel MM106 oder bei Birnen Quitte C. Solche Informationen finden Sie auf dem Etikett am Baum. Lassen Sie sich beraten, welcher Baum zu Ihrem Vorhaben und Ihrem Boden passt.

Zum Befestigen des Baums am Spalier nehmen Sie Gummibänder, die wachsen mit. Wickeln Sie sie mehrfach um die Äste und den Stamm – aber bitte nicht zu fest! Die Äste schön waagerecht ans Spalier binden, die überstehenden werden weggeschnitten.

Junge, neue Triebe möglichst früh in das Spalier einbinden, denn wenn sie noch frisch und biegsam sind, beansprucht das In-Form-Bringen das Holz nicht so stark.

Neben der Platzersparnis haben Spalierbäume noch weitere Vorteile: Die Ernte ist natürlich viel einfacher als an normal gewachsenen Obstbäumen. Deshalb sieht man diese Anbauform heute auch oft auf Obstplantagen. Durch die flache Baumform bekommen alle Früchte viel Luft und Sonne, sodass ihre Qualität meist auch besser ist. Und obwohl die Äste sehr in die Breite wachsen, brechen sie dank ihrer Stütze nicht so schnell bei Wind oder unter der Last der Früchte.

Spalierobst an der Hauswand

An einer südlichen Hauswand kommt noch das günstige Kleinklima hinzu. In so einer Lage wachsen wärmeliebende Obstgehölze wie Birnen, Aprikosen, Pfirsiche und Feigen auch in kühleren Regionen recht gut. Die Spätfrostgefahr sinkt dadurch, dass die Mauer Sonnenwärme speichert und sie, wenn es kühler ist, wieder abgibt (z. B. nachts). Das erhöht auch die Befruchtungsrate der Blüten, denn Bienen und andere Bestäuber haben es gern ein bisschen wärmer. Setzen Sie den Wurzelballen möglichst

Spaliergehölz selbst bauen

Dazu am besten Bambusstäbe (aus dem Gartenfachhandel) mit kräftigem Bindedraht zusammenbinden. Wenn der Baum größer wird, muss natürlich etwas Stabileres her, etwa ein Gerüst aus Holz- oder Metallpfählen, zwischen denen kräftige Drähte im Abstand von 40 bis 60 Zentimeter gespannt werden.

weit weg von der Hauswand, ruhig 80 Zentimeter, denn direkt an der Wand ist es durch den Dachüberstand oft sehr trocken. Dann haben auch die Wurzeln mehr Platz, sich zu entfalten. Den Baum pflanzen Sie schräg ein, damit er den Weg zu seinem Klettergerüst findet. Das Rankgerüst sollte mindesten 10 Zentimeter Abstand von der Wand haben, damit die Luft gut um den Baum zirkulieren kann – das schützt vor Blattkrankheiten wie Schorf oder Mehltau.

Apfelbäume mögen es aber nicht so heiß. Sie eignen sich deshalb besser für frei stehende Spaliere oder eine West- oder Südwestwand.

Spalierformen

Die häufigste Spalierform bei Äpfeln und Birnen ist die sogenannte waagerechte Palmette. Dabei gehen vom senkrechten Mitteltrieb waagerecht nach links und rechts die Leittriebe ab. Das ist offenbar sogar förderlich für den Ernteerfolg, weil Kernobst wie Äpfel und Birnen am waagerechten Holz besonders viele Früchte ansetzen.

Steinobstarten wie Aprikosen oder Pfirsiche sind hingegen fruchtbarer, wenn die Äste schräg nach oben wachsen. Der Baum wird also wie ein Fächer an das Spalier gebunden – der Fachbegriff dafür ist „schräge Palmette". Spalieräpfel und -birnen pflanzen Sie am besten im Herbst, frostempfindliche Arten wie Aprikosen, Pfirsiche oder Feigen im Frühjahr.

Der Spalierobstbau erlebte in den 70er-Jahren eine Renaissance, nachdem es Kunstgärtner in den Jahrhunderten davor mit zu pflegeintensiven Palmettenformen übertrieben hatten.

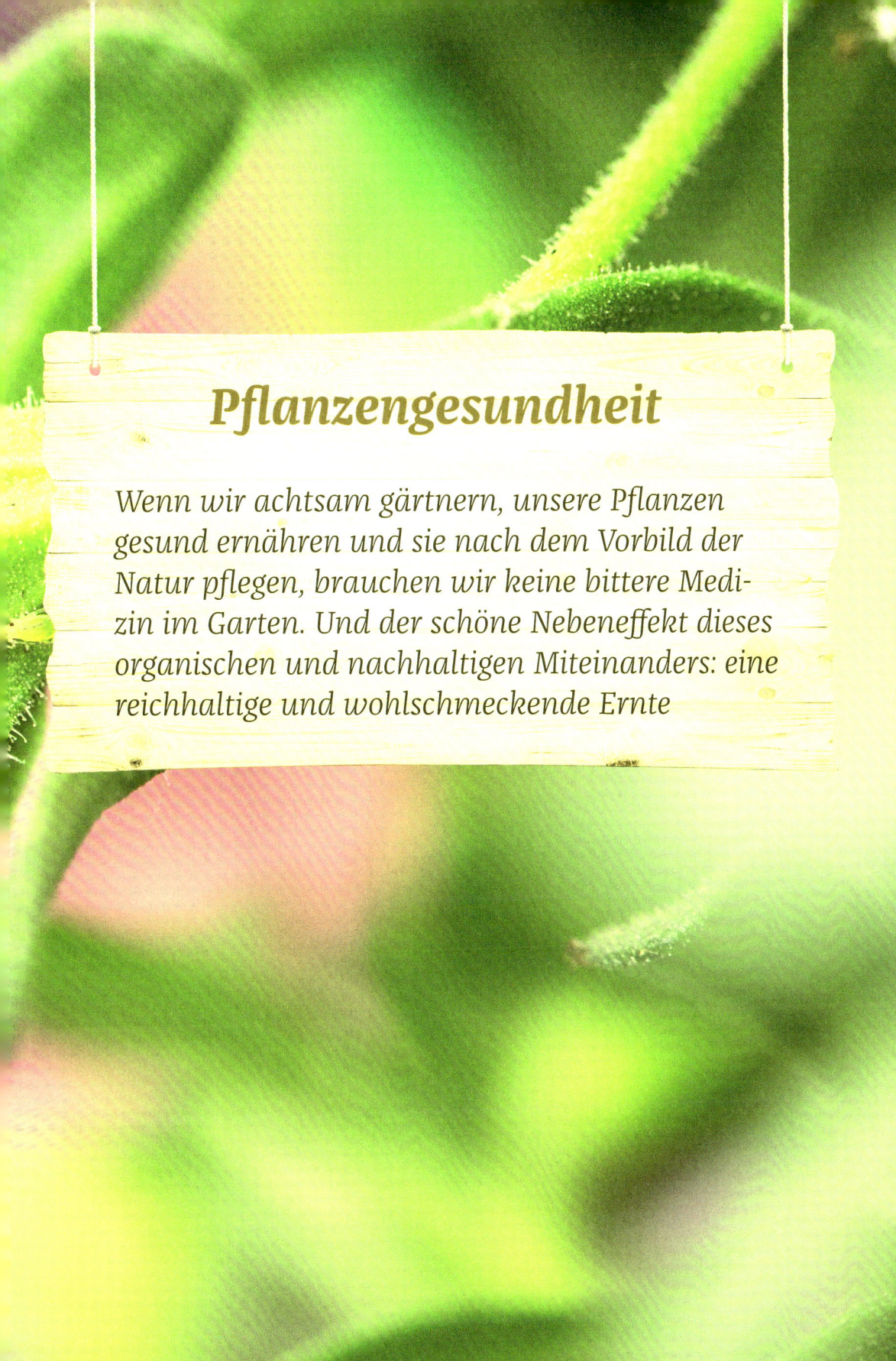

Pflanzengesundheit

Wenn wir achtsam gärtnern, unsere Pflanzen gesund ernähren und sie nach dem Vorbild der Natur pflegen, brauchen wir keine bittere Medizin im Garten. Und der schöne Nebeneffekt dieses organischen und nachhaltigen Miteinanders: eine reichhaltige und wohlschmeckende Ernte

Gesunde Nahrung für Pflanzen – Bio-Dünger

Und so geht's

Peter Rasch: Schon seit minoischer Zeit wurden Felder zur Steigerung der Ernte mit tierischen und menschlichen Fäkalien bestreut. Im 19. Jahrhundert begann man, auch Asche, Kalk und Mergel als Dünger zu verwenden. Um 1840 wies dann der Chemiker Justus von Liebig die wachstumsfördernde Wirkung von Stickstoff, Phosphaten und Kalium nach. Mit der Zeit entwickelte man Methoden, um insbesondere den Stickstoff in großen Mengen chemisch herzustellen. Als nach dem Zweiten Weltkrieg der Kunstdünger Einzug hielt, war das eine Revolution – mit Chemie schien alles möglich. Nie zuvor hatte man so viele Lebensmittel produzieren können. Mittlerweile wissen wir aber auch, dass darunter auf Dauer Bodenstruktur und Bodenleben leiden.

Mein Garten ist darum schon seit vielen Jahren eine „kunstdüngerfreie Zone". Es gibt auch wirklich viele gute Gründe, darauf zu verzichten, gerade im Gemüsegarten. Diese Mittel sind wie Doping: Das Gemüse wächst zwar unwahrscheinlich schnell, ist dadurch aber weich, anfällig für Schädlinge, geschmacklich na ja und lässt sich nicht gut lagern.

Außerdem bedeutet zu viel Kunstdünger auch zu viel Nitrat im Boden. Im Körper kann es sich in das schädliche Nitrit umwandeln. Das heißt, Ihr Salat ist dann gar nicht mehr so gesund, wie Sie denken.

Deshalb greifen wir besser auf rein pflanzliche Düngepellets oder Algendünger zurück. Wer darauf Wert legt, bekommt sie auch vegan.

Bio-Dünger selbst machen

Oder wie wäre es mit selbst produziertem Dünger? Aus Wildkräutern ist schnell eine Jauche gebraut. Wie das geht, erkläre ich in einem Extrakapitel (siehe Seite 112). Wem das zu sehr müffelt, der kann auch fertige Pflanzenextrakte kaufen, die sind einfach anzumischen und relativ geruchsneutral. Pflanzenextrakte

und -jauchen sind schonende Dünger, sie machen Ihre Pflanzen
widerstandsfähig gegen Schädlinge.

Schokofans werden den nächsten Dünger lieben! Er wird aus
den Schalen der Kakaobohnen hergestellt, einem Abfallprodukt
der Schokoladenindustrie. Es gibt ihn als Granulat und flüssig.
Der Kakaodünger hat es in sich: Kalium, Kalzium, Magnesium,
Eisen, Mangan, Kupfer, Zink. Wenn Sie den im Garten ausbringen, riecht es wie in der Schokoladenfabrik. Sie können die
Schalen der Kakaobohnen auch in großen Säcken kaufen und sie
direkt in den Boden einarbeiten oder zum Mulchen benutzen.

Viele Kulturen wachsen in unseren Gärten auf Mist. Die Alterna-
tive: Schafwolle. Graben Sie die Wolle beim Pflanzen gleich mit
ein. Sie zersetzt sich langsam und ist so das ganze Jahr über ein
super Langzeitdünger.

Kaffeesatz macht sich auch gut als kostenloser Zusatzdünger.
Morgens nach dem Käffchen also nicht einfach weggießen, sondern schön ins Beet damit.

Bevor der Kunstdünger den Markt überschwemmte, brachte
man in den Küstenregionen Fischabfälle als Dünger aufs Feld.
Fisch enthält Spurenelemente wie Magnesium, Phosphor und
Zink. Die Fischreste einfach zehn Zentimeter unter einer Pflanze
eingraben. Bis die Wurzeln dort ankommen, ist der Fisch verrottet und ein 1-a-Dünger.

Auch im Kräuterbeet würde ich unbedingt auf Chemie verzichten. Da, wo man jeden zweiten Tag etwas abschneidet, um es zu
verzehren, hat Kunstdünger nichts verloren. Im Fachhandel gibt
es stattdessen gute biologische Dünger auf Zuckerrübenbasis.

„Welches Düngemittel ist wann das beste für meine Pflanzen?"

Peter Rasch: Düngung dient der Grundversorgung von Pflanzen. Auch wir benötigen schließlich regelmäßige Mahlzeiten, um leistungsfähig zu bleiben. Das Düngen ist für viele Gartenbesitzer ein Mysterium. Wie viel, wann und welchen Dünger überhaupt? Was muss sein, damit zum Beispiel die Tomatenpflanze trägt und was macht sie wiederum krank (siehe dazu Seite 87)? Ich versuche mal, ein wenig Licht ins Dunkel zu bringen.

Erst Bodenprobe, dann gezielt düngen

Um richtig und effektiv düngen zu können, müssen wir unsere Bodenbestandteile kennen. Welche Nährstoffe sind überhaupt im Boden? Zu viele Nährstoffe sind nämlich oft genauso wenig förderlich wie zu wenige. Aufschluss gibt hier eine Bodenanalyse (siehe dazu Seite 108).
Mit den Ergebnissen kann man dem Boden gezielt zufügen, was ihm fehlt. Organische Dünger sind generell die bessere Wahl, aber auch sie haben nicht nur Vorteile. Entscheidend ist, dass die Zusammensetzung der Nährstoffe zu den Pflanzen passt.

„NPK-Dünger" – liest man oft auf Packungen – ist ein sogenannter Volldünger, es gibt ihn fest oder flüssig. Die Abkürzung steht für die drei Hauptbestandteile der Pflanzenernährung: N-Stickstoff, P-Phosphor, K-Kalium. Diese drei Nährstoffe werden in größerer Menge benötigt als andere. Der nachfolgenden Zahlenreihe kann man entnehmen, welche Konzentration der jeweilige Nährstoff im Dünger hat. „NPK 12-12-17" enthält zum Beispiel 12 % Gesamtstickstoff, 12 % Phosphat und 17 % Kaliumoxid, hinzu kommen Spurenelemente wie Zink, Magnesiumoxid, Schwefel oder Bor.

Stickstoff wird besonders für das vegetative und generative Wachstum gebraucht. Der für die Fotosynthese verantwortliche grüne Farbstoff Chlorophyll wird ohne Stickstoff nur unzureichend gebildet. Als Mangelerscheinung wachsen zum Beispiel hellgrüne oder sogar gelbliche Blätter mit braunen Blattspitzen.

Ohne Stickstoff können Proteine und viele Vitamine nicht gebildet werden: Blätter, Stängel und Früchte sind dann kleiner als gewohnt. Bei akutem Stickstoffmangel vertrocknen die Blätter und fallen ab. Werden die Stickstoffvorräte nicht aufgefüllt, stirbt die Pflanze sogar. Eine Stickstoffüberversorgung hingegen lässt sie ins Kraut schießen. Die Stängel sind dann dünn, kraftlos und labil. Der Grund hierfür ist, dass die Pflanze zu viele Aminosäuren und Eiweiße produziert und nicht mehr ausreichend Kraft für die Bildung von Festigungsgewebe hat.

Phosphor ist verantwortlich für Blüten-, Wurzel- und Fruchtbildung. Es fördert die Winterhärte, beschleunigt die Entwicklung der Pflanze und erhöht die Dürreresistenz. Phosphormangel verzögert das Wachstum, Erträge und Qualität der Frucht reduzieren sich merklich. Die Überdüngung ist leicht an den Blättern zu erkennen: Es entstehen blaugrüne bis rotviolette Verfärbungen. Häufig sind im Boden ausreichend Phosphor und Kalium enthalten. Ein zu niedriger pH-Wert, zu feuchter oder verdichteter Boden oder geringer Humusgehalt führen aber oft zu einer unzureichenden Aufnahme von Phosphaten.

Kalium stärkt die Widerstandskraft der Pflanze. Es verdichtet die Zellwände, hilft bei der Bildung des Stützgewebes und erhöht die Frost- und Dürreresistenz. Außerdem regt es den Pflanzenstoffwechsel an und hält die erforderliche Wasserbalance der Pflanzen. Kalium macht die Pflanze widerstandsfähiger gegen Krankheiten und Fressfeinde. Ein Mangel hemmt die Entwicklung von Früchten und Knospen. Die Blattränder werden braun, die Ränder und Spitzen wirken wie angebrannt.

Neben den drei hier aufgeführten Hauptnährstoffen, benötigen Pflanzen für das Wachstum und die Bildung von Biomasse noch weitere wichtige Nährstoffe wie Kalzium, Magnesium, Schwefel sowie Spurenelemente wie Kupfer, Zink, Eisen. Diese Stoffe kommen aber nur in untergeordneter Menge vor.

Organische und mineralische Dünger

Mineralische Dünger werden künstlich hergestellt – umgangs-sprachlich werden sie darum auch „Kunstdünger" genannt. Ein großer Vorteil ist, dass die enthaltenen Nährstoffe den Pflanzen sofort zur Verfügung stehen. Sie müssen nicht erst umgewan-delt werden. Dadurch lassen sich Mangelerscheinungen schnell ausgleichen. Genauso schnell kann es aber auch zu einer Über-versorgung kommen. Deswegen verzichte ich in meinem Haus-garten grundsätzlich auf mineralischen Dünger und bringe aus-schließlich organischen Dünger aus. Kunstdünger fördert weder einen gute Bodenstruktur noch die Bodenfruchtbarkeit oder den Humusaufbau nachhaltig. Eine Übersalzung des Bodens ist leider oft die Folge. Ebenso können die feinen Wurzelsysteme zerstört werden, was im Endeffekt dazu führt, dass die Pflanzen trotz guten Nährstoffangebots verhungern.

Der Ursprung organischer Dünger liegt in pflanzlichen oder tierischen Ausgangsstoffen. Organische Dünger stehen minera-lischen Düngern in nichts nach, haben sogar einige Vorteile: Sie regen Bodenorganismen an, unterstützen das Bodenleben beim Aufbau von Humus und anderen organischen Bodenbestand-teilen, verbessern Bodenvitalität und -struktur und zeigen häufig eine Langzeitwirkung durch gleichmäßigere Nährstoffabgabe. Des weiteren ist das Risiko der Überdüngung geringer als bei mineralischen Düngern.

Wann wird gedüngt?

Besonders sinnvoll ist der Volldünger im Frühjahr als Startdün-gung. Die Nährstoffverfügbarkeit im Boden ist durch Kälte und Nässe nämlich stark eingeschränkt. Zudem haben die Gewächse zu Vegetationsbeginn kleinere Wurzeln: Sie erschließen wenig Boden, das heißt: wenig Nahrung. Dieser Mangelsituation kann mit Volldünger schnell abgeholfen werden.

Bei Langzeitdüngern reicht meist eine Nachdüngung im Juni. Normaler NPK-Dünger wirkt nicht so lang, es muss früher und öfter nachgedüngt werden. Düngen Sie nicht zu spät! Die meisten Pflanzen werden Anfang Juli letztmalig gedüngt, sodass der Neuzuwachs vor dem Winter noch ausreifen kann.

Wichtig bei der Anwendung ist, sich an die Angaben des Herstellers zu halten. Die Menge sollte exakt abgemessen werden. Einfacher ist das Ausbringen von Flüssigdünger. Dieser wird dem Gießwasser beigegeben und beim Bewässern mit verteilt.

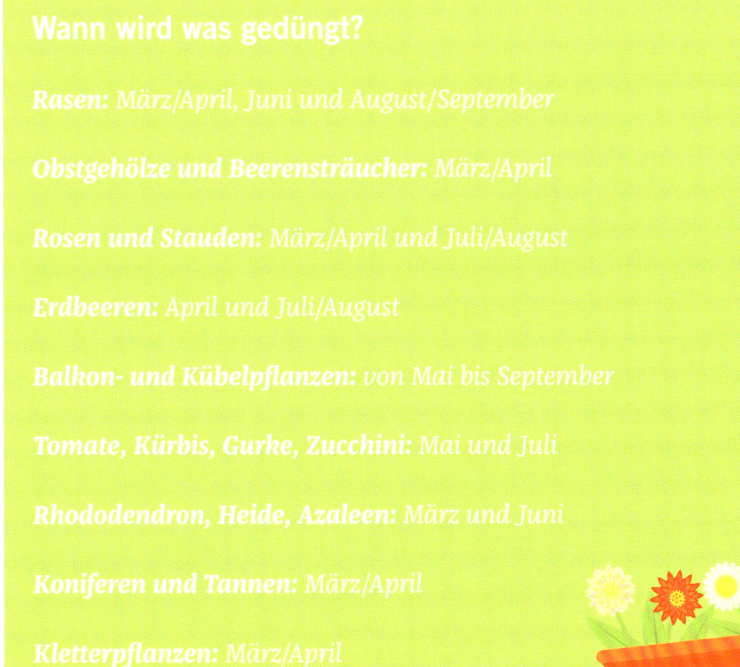

Wann wird was gedüngt?

Rasen: März/April, Juni und August/September

Obstgehölze und Beerensträucher: März/April

Rosen und Stauden: März/April und Juli/August

Erdbeeren: April und Juli/August

Balkon- und Kübelpflanzen: von Mai bis September

Tomate, Kürbis, Gurke, Zucchini: Mai und Juli

Rhododendron, Heide, Azaleen: März und Juni

Koniferen und Tannen: März/April

Kletterpflanzen: März/April

PFLANZENGESUNDHEIT

Bodenanalyse –
wie geht's der Erde?

Schlämm-probe und pH-Wert-Test

Peter Rasch: Die Bodenart kann man ganz einfach mit den bloßen Händen ermitteln:

Leichter Boden: Die Erde lässt sich nicht kneten, sie rieselt zwischen den Fingern hindurch. Man spürt deutlich die Sandkörnchen. Der Boden ist zwar luftig, kann aber Wasser und Nährstoffe schlecht speichern.

Schwerer Boden: Es lassen sich Klumpen formen, die sich etwas klebrig anfühlen. Der Boden enthält viel Ton, kann Wasser und Nährstoffe prima speichern, lässt aber wenig Luft an die Wurzeln, verdichtet sich schnell und ist mühsam zu bearbeiten.

Idealer Gartenboden: Die Erde lässt sich zwar formen, aber Risse entstehen. Es handelt sich um einen Bodentyp zwischen Ton- und Sandboden – für die meisten Pflanzen ideal, da Wasser, Luft und Nährstoffe in einem ausgewogenen Verhältnis vorliegen.

Für die Schlämmprobe benötigen Sie ein großes Schraubglas mit weiter Öffnung und etwas Wasser. Füllen Sie Gartenerde und Wasser in das Glas und schütteln Sie es kräftig. Durch das Aufschlämmen in Wasser wird die Erde in ihre verschiedenen Bestandteile getrennt. Wenn sich alles wieder gesetzt hat: Gröbere Sandkörner lagern sich nach einigen Minuten unten ab, staubfeine Tonteilchen schwimmen lange in der Lösung, unzersetzte Pflanzenteile schwimmen oben, Ton färbt das Wasser eher rötlich, Humus färbt das Wasser fast schwarz. Je nach Dicke der Schichten können Sie erkennen, in welchem Verhältnis die Bestandteile zueinander stehen (siehe Bild rechts oben).

Auch den pH-Wert des Bodens können Sie mit einem Set aus dem Fachhandel oder der Apotheke selbst testen, um herauszufinden, ob der Boden eher Kalk braucht oder zu sauer ist. Oder Sie lösen einfach etwas Gartenerde in Wasser auf und stecken einen pH-Wert-Teststreifen hinein.

*Bei der Schlämm-
probe trennen sich
die Bestandteile des
Bodens: die hellen,
groben Sandkörner
unten, darüber die
humusreiche Erde,
die rote Färbung
des Wassers kommt
vom Ton, oben
schwimmen die
unzersetzten Pflan-
zenteile*

Aber manchmal wachsen die grünen Sprösslinge trotz guten
Standorts, viel Pflege und optimaler Bewässerung nicht wie er-
wartet. Nährstoffmängel zeigen sich (sie blühen schlecht, tragen
nur kleine Früchte, bleiben kümmerlich), trotz Düngens. Eine
Bodenanalyse gibt hier Aufschluss über den Nährstoffgehalt der
Gartenerde. Sie bekommen dann auch eine Düngeempfehlung.

Bodenproben von je 500 g Gartenboden müssen immer dort ent-
nommen werden, wo die Wurzeln wachsen. Außerdem sollten
Sie mehrere Bereiche im Garten testen lassen. Schicken Sie die
Proben im zeitigen Frühjahr oder nach der Ernte im Herbst ein
(z.B. im Gartencenter, Wertstoffhof der Gemeinde, Bauhof oder
in Labors von Forschungsinstituten etc.).
Bodenuntersuchungen alle drei bis fünf Jahre helfen den Boden
gesund zu erhalten, das bedeutet langfristig guter Ertrag und
gesunde Ernte.

„Wie stelle ich gesunde Pflanzennahrung einfach selbst her?"

Peter Rasch: Der übliche Weg, pflanzliches Material im Garten zu verwerten, ist der Kompost. Der ist aber eher etwas für Starkzehrer. Für alle anderen Pflanzen ist er Basis für das sogenannte Kompostwasser. Dazu geben Sie eine Schaufel reifen Kompost in einen großen Eimer Wasser und rühren kräftig durch. Wenn sich die Erdpartikel abgesetzt haben, gießen Sie das Kompostwasser direkt an die Pflanzen.

Komposttee, unter anderem ein wirksames Mittel gegen Pilzbefall, wird so ähnlich hergestellt, nur lassen Sie die Brühe zwei Wochen stehen und rühren täglich kräftig durch. Es muss Sauerstoff an die Flüssigkeit, damit es den Mikroorganismen aus dem Kompost weiter gut geht. Danach wird die Brühe durch ein Tuch gegossen und 1:10 verdünnt auf die Pflanzen gesprüht.

Die schnelle Methode: Bokashi

Viel schneller können wir Reste von Pflanzen, Obst oder Gemüse zu Bokashi verarbeiten. Das ist Japanisch und heißt so viel wie „schrittweise Umsetzung". Bei der Verarbeitung helfen Effektive Mikroorganismen (EM), eine Mischung aus Milchsäurebakterien, Fotosynthesebakterien und Hefen. Sie fermentieren das organische Material zu wertvollem Dünger.

So lassen sich Küchenabfälle zu Dünger machen

Dafür brauchen wir allerdings ein Hilfsmittel: den Bokashi-Eimer, einen luftdichten Plastikeimer mit Siebeinsatz und Ablaufhahn im Boden.
Zerkleinern Sie die Küchenabfälle grob, die Fermentation dauert nur zwei Wochen. Jede neue Schicht im Eimer besprühen Sie mit EMa-Lösung. Die können Sie fertig kaufen oder selbst

Ein komplettes Bokashi-Set bekommen Sie für rund 60 Euro im Fachhandel: zwei Eimer mit Siebeinsatz und Ablaufhahn und dazu eine Lösung aus EM zum Fermentieren

herstellen (siehe Seite 116). Etwas Gesteinsmehl bindet die freigesetzten Nährstoffe und macht sie für den Boden besser verfügbar. Drücken Sie die Abfälle zusammen, damit möglichst wenig Luft eingeschlossen wird. Die Fermentation muss ohne Sauerstoff ablaufen. Bis der Eimer voll ist, legen Sie darum eine Plastiktüte mit Sand oben auf die Abfälle, das drückt die Luft heraus und schließt fast luftdicht ab.

Ist der Eimer voll, lassen Sie ihn 14 Tage bei Zimmertemperatur stehen, damit die Bakterien ihre Arbeit machen können. Dabei bildet sich Sickersaft, den Sie alle zwei bis drei Tage über das Bodenventil ablassen müssen. Den Saft können Sie 1:200 verdünnen und damit gießen.

Nach zwei Wochen sollte Ihr Bokashi angenehm sauer riechen und einen pH-Wert von 4 haben. Jetzt können Sie ihn als Dünger untergraben. Noch mal zwei Wochen später pflanzen oder säen Sie dann aus – frisch ist Bokashi zu sauer.

Das darf alles in den Bokashi-Eimer: Obst und Gemüse, Speisereste, Käse, Joghurt, Eier, Brot, Teebeutel, Kaffeesatz, verwelkte Blumen, Pflanzenreste.

„Wie rühre ich meine eigene Pflanzenjauche an?"

Peter Rasch: Zugegeben, das ist ein übel riechendes Thema. Aber das Zeug ist wirklich gut! Kostenlos, einfach herzustellen, wirkungsvoll, ökologisch – schon Opa hat darauf geschworen, um Pflanzen zu stärken und Insekten abzuwehren, denn Pflanzenjauche enthält viel Stickstoff und Kalium und ist damit für fast alle Pflanzen eine gute Stärkung.

Grundstoff sind meist Pflanzen, die wir nicht im Garten haben wollen. Darum lasse ich sie bei mir in einer Ecke etwas abseits wachsen:

Brennnessel: hocheffektiver Stickstoffdünger, erhöht die Abwehrkräfte der Pflanze. Direkt auf Blätter und Triebe ausgebracht, wehrt sie Insekten ab.

Ackerschachtelhalm: enthält viel Kieselsäure, kräftigt die Blätter, vorbeugend gegen Pilzkrankheiten wie Rost oder Mehltau.

Beinwell (Comfrey): sehr stickstoff- und kalihaltig, unterstützt die Bildung von Blüten und Früchten, Tomaten lieben ihn, kann gut mit Brennnessel gemischt werden.

Wermut: gegen Ameisen, Blattläuse, Apfelwickler, Brombeermilben und Raupen.

Wurm- und Adlerfarn: viel Kalium, gegen Blut-, Schmier- und Schildläuse.

Das Frühjahr ist die beste Zeit, um eine Jauche anzusetzen, die verwendeten Pflanzen sollten noch keinen Samen tragen. Auf 10 Liter Wasser kommt 1 Kilogramm Grünzeug. Die Pflanzen klein schneiden und in abgestandenem Wasser einweichen. Ein Fass aus Plastik oder Holz macht sich gut als Gärbehälter – kein Metall, das führt zu chemischen Reaktionen. Füllen Sie den Behälter nur dreiviertel voll, die Brühe

Brennnesseln kann man das ganze Jahr über ernten: im Frühling die frischen Triebe in der Küche verarbeiten, den Rest in die Jauche. Aus den Wurzeln lässt sich im Herbst ein energiegeladener Tee zubereiten

schäumt manchmal stark. Deckel drauf, damit keine Tiere darin ertrinken.

Je nach Witterung muss das Gemisch zwei bis drei Wochen stehen. Einmal täglich heißt es: Wäscheklammer auf die Nase und umrühren! Denn Sauerstoff fördert die Umsetzung des Pflanzenmaterials. Ganz ohne Umschweife: Pflanzenbrühe stinkt abscheulich. Ab und zu eine Handvoll Steinmehl auf die Oberfläche gestreut, das mildert diese Begleiterscheinung.

Die Jauche ist fertig, wenn sie nicht mehr schäumt. Nun müssen Sie die festen Bestandteile aussieben. Die fertige Brühe dann in einem verschlossenen Gefäß aufbewahren und bis in den Herbst im Garten nutzen. Zur Anwendung die Jauche im Verhältnis 1:10 verdünnen, bei empfindlichen Gewächsen 1:20.

Es gibt ein paar Pflanzen, die keine Düngejauche mögen: Erbsen, Möhren, Knoblauch und Zwiebeln.

Der Erste-Hilfe-Kasten für den Garten

Mit der Kraft der Natur

Peter Rasch: In meinem Erste-Hilfe-Kasten befindet sich natürliche Medizin gegen kleine Wehwehchen unserer grünen Freunde, hauptsächlich getrocknete Wildkräuter.
Die Dosierung ist ganz einfach: 10 Gramm Pflanzen einen Tag lang in 1 Liter Wasser einweichen, 1:10 verdünnen und die Pflanzen damit frühmorgens einsprühen. Bei Ackerschachtelhalm lassen Sie die Brühe 30 Minuten köcheln, damit sich die wertvollen Kieselsäuren besser herauslösen.

Ackerschachtelhalm ist ein wirksames Mittel gegen Sternrußtau, Mehltau, Blattläuse, Spinnmilbe und Schorf. Er enthält einen hohen Anteil an Flavonoiden, Schwefel, Mineralstoffen wie Kalium, Spurenelementen, organischen Säuren und wasserlöslichen Kieselsäuren. Die stärken das Blattgewebe und die Zellwände von Gemüse, Kräutern und Rosen. Durch die Einlagerung von Kieselsäuren in der Pflanze kann diese Pilze besser abwehren und die Fresswerkzeuge von Schädlingen werden stumpf. Ackerschachtelhalm früh im Jahr ernten. Im Herbst enthält die Pflanze fast nur noch wasserunlösliche Kieselsäuren und ist nicht mehr so wirksam.

Der Sud von **Adler- und Wurmfarn** dient der Abwehr von Schnecken und Blut- und Schildläusen, aber auch bei Mangel an Kali und Spurenelementen als Zusatz für den Komposthaufen. Die Farne enthalten in geringen Mengen giftige Stoffe, Phloroglucinderivate, Bitter- und Gerbstoffe und Öl.

Die **Brennnessel** ist ein ideales Bekämpfungsmittel für Blattläuse und Spinnmilben. Und natürlich ein effektives Stärkungsmittel für die Pflanzen. In den Brennhaaren sind Amine enthalten, die die Grünbildung der Blätter fördern. Das Frühjahr ist der ideale Zeitpunkt, um die Brennnessel zu ernten, bevor sie blüht. In den jungen Trieben steckt am meisten Kraft. Zur Stärkung für die Pflanzen reicht es, wenn Sie den Sud der Brennnessel 1:20 verdünnen.

Erste-Hilfe-Säckchen für jede (Jahreszeiten-) Lage: getrocknete Brennnessel – einfach einen Tag in Wasser einweichen und fertig ist der wirkungsvolle Sud gegen Blattläuse und Spinnmilben

Holunder: Der Sud der Holunderblätter schützt Pflanzen vor dem Kohlweißling. In die Gänge von Wühlmaus, Maulwurf oder Ameisen gegossen, vertreibt er die ungeliebten Gartenbesucher. Blätter, Rinde und die unreifen Früchte enthalten ein Blausäure abspaltendes Glykosid.

Rainfarn ist als Brühe oder Tee verwendbar gegen Erdflöhe, Erdbeerblütenstecher, Erdbeer- und Brombeermilben, Himbeer-käfer, Blattwespen, Rost und Mehltau.

Mit den getrockneten Kräutern haben Sie auch eine wirkungsvolle Medizin zur Hand, wenn die Zimmerpflanzen im Winter mal Hilfe brauchen.

„Was sind Effektive Mikroorganismen und wie helfen sie mir im Garten?"

Peter Rasch: Der japanische Agrarwissenschaftler Professor Teruo Higa fand eine Mischung aus 13 verschiedenen Bakterienstämmen – Milchsäurebakterien, Hefen und Fotosynthesebakterien –, die ihre natürlichen Artgenossen dabei unterstützen, die Bodenqualität zu verbessern. Sie werden Effektive Mikroorganismen (EM) genannt.

Bei uns im Garten besetzen sie die offenen Stellen in der Nährstoffabrik „Gartenboden". Organisches Material wird so einfacher in Nährstoffe für die Pflanzen umgesetzt, Bodenstruktur, Wurzelbildung und Keimfähigkeit von Saatgut verbessern sich. Die Pflanzen werden robuster, blühen stärker, tragen mehr Früchte und die sollen sogar besser schmecken. Positiv wirkende Bodenbakterien werden gefördert, schadhafte Keime und Pilze unterdrückt.

Als Beetvorbereitung im Frühjahr verteilen wir die EM mit der Gießkanne auf Beeten oder Rasen. Das kann ein fertiger Garten- und Bodenaktivator mit EM oder selbst hergestelltes EMa (a = aktiviert) sein. Bringen Sie die EM bei mindestens 6 bis 8 Grad an einem regnerischen oder bedeckten Tag aus. Über das Jahr wird die Behandlung vier-, fünfmal wiederholt.

Wenn Sie die Gießlösung in der Küche anrühren und es draußen noch kühl ist, stellen Sie die Kanne vor dem Gießen nach draußen, damit sich die Flüssigkeit an die Außentemperatur anpasst, sonst erleiden die Mikroorganismen auf dem kalten Boden einen Schock.

EMa selbst herstellen

Sie benötigen eine konzentrierte Bakterienmischung, die sogenannte Urlösung oder EM-1. Dazu kommen handwarmes Wasser und Zuckerrohrmelasse als Nahrung. Unsere Bakterien werden durch diese Behandlung aktiviert und sollen sich ja fleißig ver-

Urlösung, Melasse und Wasser in den EMa-Fermenter, erwärmen und ein bisschen abwarten – fertig ist die Wundermischung für den Gartenboden!

mehren. Das Mischungsverhältnis ist: drei Teile EM-1, drei Teile Melasse und 100 Teile Wasser. Weil die Melasse sehr dickflüssig ist, empfiehlt es sich, sie vorher mit etwas Wasser anzurühren. Ich benutze einen EMa-Fermenter mit eingebautem Heizstab. Letzteren stelle ich auf 34 Grad ein und lasse den Behälter an einem warmen Ort ein bisschen zugedeckt stehen, das spart Energie. Das Gefäß darf nicht aus blankem Metall sein, das vertragen die Bakterien nicht!

Nach etwa sieben Tagen ist das EMa fertig, Es riecht leicht säuerlich und sollte einen pH-Wert von etwa 3,6 haben. Die Lösung können Sie in dunkle Flaschen füllen, sollten sie aber möglichst frisch verbrauchen.

Einige Gärtnereien oder Bio-Bauhäuser züchten EM im großen Stil und verkaufen es frisch.

„Kann ich mit Urin meinen Garten düngen?"

Peter Rasch: Wir nehmen Gülle vom Schwein, Mist von der Kuh, die Streu aus dem Hasenstall oder Guano aus der Pinguinkolonie. Warum also einen Unterschied machen, wenn's um unseren eigenen Urin geht? Wenn man es genau nimmt, ist er sogar ein ziemlich guter Dünger. Es gibt Gartenspezialisten, die nennen ihn „Goldwasser" – der Grund: Phosphor, Kalium, Kalzium, Magnesium und natürlich eine Riesenladung Stickstoff (um die 10 g pro Liter). Der Urin von einem Erwachsenen reicht, um einen 400 Quadratmeter großen Garten zu versorgen.

Aber! Nicht einfach in den Garten pinkeln. Niemals pur! Sie kennen das vielleicht von Ihrem Rasen: die gelben Stellen, wo der Hund so seine Lieblingsecke hat ... Unverdünnt ist das Zeug ziemlich ätzend. Urin taugt also als Flüssigdüngerkonzentrat. Er wird 1:10 bis 1:20 mit Wasser verdünnt und dann auf die Kulturen ausgebracht. Im Herbst ideal bei Gründüngung, Hecken oder Rasen.

Frisch verwendet, ist das „Goldwasser" absolut keimfrei. Schaffen Sie sich fürs Aufbringen auf die Pflanzen einen Düngermischer an, den kann man einfach an den Gartenschlauch anschließen. Wie bei jedem Dünger bitte darauf achten, die Mischung möglichst nicht direkt auf die Blätter, sondern eher unter oder neben die Pflanze zu gießen. Der Stickstoff kann sonst in der Sonne zu Verbrennungen führen.

Keine Angst, Ihr Garten wird nicht riechen wie die Bahnhofstoilette! Das passiert nur, wenn die Dosierung nicht stimmt, also zu viel aufgebracht wird oder sie den U-Dünger zu lang lagern.

Messen Sie den pH-Wert! Urin kann von sauer (4,5) bis ziemlich basisch (8) alles sein. Das hängt stark von Ihrer Ernährung ab. Moorbeetpflanzen finden einen pH-Wert von 4,5 vielleicht gut, andere Gewächse können da schnell beleidigt reagieren. Wer viel raucht oder starke Medikamente nimmt, scheidet als Dün-

Mit einem Dünger-mischer an den Gartenschlauch angeschlossen, lässt sich gleich die richtige Dosierung einstellen – und jetzt: Wasser, äh, Urin marsch!

gerproduzent aus. Zumindest für alle Pflanzen, die sie ernten und essen wollen. Damit holen Sie sich unter Umständen Stoffe in den Garten, die Sie lieber nicht im Beet haben möchten. Die meisten dieser Substanzen können zwar über einen längeren Zeitraum abgebaut werden, aber sicher ist sicher.

Kurz gesagt: Unser Urin ist kostenloser, selbst produzierter Bio-Dünger – sehr stickstoffhaltig, also eher was für Starkzehrer wie Rosen, Tomaten oder Kohl, auf keinen Fall für Nitratsammler wie Salat oder Spinat.

Auch der Komposthaufen kann im Herbst und Winter gern regelmäßig mit verdünntem Urin gegossen werden, denn zu dieser Zeit befinden sich viele holzige Bestandteile und eine Menge Laub im Kompost. Der Stickstoff aus dem U-Dünger beschleunigt die Verrottung dieser festen Stoffe.

„Was ist Terra Preta und was nützt sie meinem Gartenboden?"

Peter Rasch: *terra preta* ist portugiesisch und bedeutet „schwarze Erde". Entdeckt wurde dieser tiefschwarze, fruchtbare Boden vor etwa 60 Jahren im Amazonasbecken, was die Forscher ziemlich wunderte, weil der Boden des Regenwalds dort eher karg und nährstoffarm ist. Doch Untersuchungen haben eine besondere Mischung aus Holz- und Pflanzenkohle, menschlichen Fäkalien, Mist und Kompost zutage gefördert, die auf Besiedlung und jahrhundertelangen Brandfeldbau zurückzuführen ist.

Die entscheidende Substanz sei dabei die Kohle, sagen die Wissenschaftler. Sie ist porös und hat dadurch eine riesige Oberfläche, auf der sich Mikroorganismen gut ansiedeln können. Die „schwarze Erde" kann viel besser Wasser und Nährstoffe speichern. Terra Preta bindet ungefähr doppelt so viel Stickstoff und viermal so viel Phosphor wie normale Gartenerde. Durch die Kombination aus Kohlenstoff und Stickstoff wachsen die Pflanzen besonders gut.

Das Gute: So eine Mischung kann man selbst herstellen: Dafür brauchen wir 20 Liter Pflanzenkohle, 6 Liter Urin, 1 Liter EMa und 2 Kilogramm Urgesteinsmehl.

Die Pflanzenkohle wird vorher mit Nährstoffen aufgeladen. Wenn wir sie pur in den Boden bringen, würde sie diesem viele Nährstoffe entziehen. Da bietet sich Urin an. Wer jetzt sagt: „Nicht schon wieder was mit Pipi!", kann natürlich auch Gülle, Pflanzenjauche oder Mist nehmen.

Die Zutaten verrühre ich in der Schubkarre. Die fertige Mischung sollte um die sechs Stunden ruhen, damit sich die Kohle vollsaugen kann.

Das Pflanzloch hebe ich gut 10 Zentimeter tiefer aus, denn gut zwei Hände voll Terra Preta kommen unter den Wurzelballen. Wichtig ist, dass die Pflanze nicht gleich mit der schwarzen Erde

in Berührung kommt. 5 bis 10 Zentimeter „normale" Gartenerde gehören zwischen Instant-Terra-Preta und die Wurzel. Der Urin ist ja noch ziemlich frisch und würde den jungen Wurzeln schaden. Bis sie durch die Trennschicht gewachsen sind, haben schon die ersten Umsetzungsprozesse stattgefunden, und es besteht keine Gefahr mehr für das Wurzelwerk.

Anrühren, ruhen lassen, in den Boden einarbeiten – der Unterschied, ob mit oder ohne Terra Preta, soll enorm sein: Bei Tomaten zum Beispiel kann sich der Ertrag mithilfe der „schwarzen Erde" vervierfachen

„Hexenringe auf der Rasenfläche – was kann ich dagegen tun?"

Peter Rasch: Hexenringe sind eine Rasenkrankheit und nicht, wie früher im Volksglauben angenommen, ein magischer Versammlungsort. Die Ursache dieses Pilzbefalls ist, dass das Myzel (das unterirdische Pilzgeflecht) von Hutpilzen von einem zentralen Punkt aus in alle Richtungen gleich schnell wächst. Dadurch entsteht die Kreisform. Am Ende der Myzelfäden wachsen dann Fruchtkörper aus dem Boden, die wir umgangssprachlich als Pilze bezeichnen. Die Pilze bilden Sporen, über die sie sich weiter vermehren und im ganzen Garten ausbreiten können.

Der Grund für einen Hexenring ist häufig ein undurchlässiger, nährstoffarmer Boden. Um Pilzerkrankungen zu behandeln, bietet der Handel Fungizide an. Ich rate Ihnen aber von dieser Behandlung ab, denn sie zieht das Bodenleben stark in Mitleidenschaft, zudem sind die Ergebnisse oft nicht zufriedenstellend.

Die sicherste, aber aufwendigste Methode, um den Pilz loszuwerden, ist der Bodenaustausch: 30 Zentimeter tief im Bereich des Kreises – lieber einen halben Meter mehr nach außen.

Man kann aber auch in kleineren Schritten versuchen, dem Pilz den Garaus zu machen.

Schritt eins: Wir stechen mit der Grabegabel auf der gesamten Fläche des Hexenrings in kurzen Abständen in den Boden und lüften den Rasen leicht an. Dadurch zerreißen wir das Myzel an so vielen Stellen wie möglich. Die Fruchtkörper (Pilze) sollten rasch in einer Biotonne entsorgt und nicht etwa kompostiert werden.

Schritt zwei: Wir vertikutieren, wobei der Oberboden aufgerissen wird und eine offene Struktur entsteht. Einige Pilzarten besitzen ein stark wasserabweisendes Myzel, das den Boden regelrecht „versiegelt", sodass er nur schlecht Wasser aufnehmen kann – das Gras vertrocknet.

Mit der Grabegabel lässt sich der Boden Stück für Stück den Hexenring entlang gut anheben, die Myzeln der Pilze werden so abgerissen und sterben ab

Schritt drei: Wir wässern die nächsten zwei Wochen sehr intensiv und geben dem Gießwasser gelegentlich Kaliseife und Spiritus zu, das Gießwasser bindet sich auf diese Weise besser im Boden.

Schritt vier: Wir säen nach und düngen. Am besten eignet sich hierfür pilliertes Saatgut oder eine Reparaturrasenmischung.

Schritt fünf: Pilze wachsen besonders gut auf kaliumarmen Böden. Deshalb sollten wir am Ende des Sommers einen kalibetonten Herbstrasendünger ausbringen. Den Pilzen wird das nicht gefallen. Unser Rasen jedoch geht dadurch gestärkt in den Winter.

Beim Mähen das Schnittgut bitte immer aufnehmen und nicht liegen lassen. Dadurch wird den Pilzen der Nährboden geraubt und eine Verbreitung im Garten verhindert.

Benjeshecke –
Gartentipp für Vielbeschäftigte

Peter Rasch: Die neue Schrebergartengeneration lebt in der Stadt, sehnt sich nach einem Kleingarten und hat kein Auto, weil man mit Fahrrad und Öffis viel besser vorankommt. Das heißt: Gartenabfälle können nicht einfach weggefahren werden, sondern bleiben im Garten. Und das ist sogar extrem schlau, denn in dem Pflanzenmaterial ist eine Menge Sonnenenergie gespeichert – Energie für neues Wachstum.

Wohin also mit Ästen, Zweigen und Gestrüpp? Eine ungenutzte Ecke im Garten suchen und zack: eine Benjeshecke anlegen! Dabei handelt es sich genau genommen gar nicht um eine Hecke, sondern um einen Totholzstreifen. Landschaftsgärtner Hermann Benjes kam in den 1980er-Jahren auf diese geniale Idee zur Verwertung des Grünschnitts. Die Benjeshecke soll nicht nur Wind und Sichtschutz sein, sondern auch Winterquartier für Nützlinge in unserem Garten: Insekten, Vögel, aber auch Igel finden hier Unterschlupf.

Eine Benjeshecke besteht aus zwei Reihen Pfählen. Zwischen den beiden Reihen wird der Grünschnitt aufgeschichtet. Je nachdem, wie groß Äste, Zweige oder Gestrüpp sind, kann dieser Abstand natürlich variieren, ideal sind aber etwa 50 Zentimeter. Die Pfähle sollten in der Reihe einen Abstand von etwa einem Meter zueinander haben. Sinnvoll ist eine Höhe zwischen einem Meter und Brusthöhe, um das Material in der Benjeshecke gut stapeln zu können. Es sind aber auch zwei Meter möglich, wenn die Hecke als Sichtschutz dienen soll. Bei einer geplanten mittleren Höhe der Hecke reicht es, wenn die Pfähle einen Durchmesser von 6 bis 8 Zentimetern haben. Und wie lang soll die Hecke werden? So lang, wie sie es brauchen. Im Prinzip kann eine Benjeshecke ein ganzes Grundstück einzäunen.

Pfähle aus naturbelassenem Holz sehen am besten aus, alternativ können es aber auch imprägnierte Pfähle aus dem Baumarkt sein. Die halten länger – eine Benjeshecke kann immerhin 15 bis

*Und so sieht's
in natura aus:
Endlich Platz
für haufenweise
Grünschnitt!*

20 Jahre lang stehen. Die Stützhölzer 60 Zentimeter tief einge-
graben. Dafür bietet sich ein Lochspaten an, denn damit lassen
sich tiefere Löcher mit einem kleinen Durchmesser ausheben.
Das gibt den Pfählen zusätzliche Standfestigkeit.

Längere und gröbere Äste und Zweige werden an den Seiten der
Hecke aufgeschichtet, kleineres Material kommt nach innen. Am
Ende können wir überstehende Äste abschneiden, so, als wür-
den wir eine normale Hecke in Form bringen.

Wenn die Hecke bereits eine Zeit lang im Garten steht, sollten
die Schichten nicht mehr zu stark zusammengepresst werden,
weil sie ja auch Winterquartier für unsere Nützlinge ist. Mit der
Zeit vermodert das Totholz aber und sackt in sich zusammen.
Wir können jedes Jahr unseren neuen Grünschnitt wieder obendrauf packen.

Alles über den Komposthaufen

Das Drei-Kammer-System

Peter Rasch: Ein Komposthaufen liefert exzellenten, kostenlosen Bio-Dünger in Form von Humus. Der stabilisiert das Bodenleben, verbessert die Durchlüftung und das Wasserhaltevermögen des Bodens. Darum: unbedingt anlegen!

Der Kompost sollte im Halbschatten liegen, in der prallen Sonne trocknet er aus, im Schatten entsteht schnell Fäulnis. Ein guter Komposthaufen braucht frische Luft. Die Seitenteile also so „luftig" bauen, dass der Wind an das Material herankann. Legen Sie Ihren Kompost nicht zu üppig an: am besten drei Kammern von ungefähr einem Kubikmeter.

In der ersten Kammer werden das ganze Jahr über die Küchen- und Gartenabfälle gesammelt – gut durchmischen und ab und zu gießen, das fördert die Verrottung.

Im nächsten Jahr wird die Mischung in die zweite Kammer umgesetzt, aber nicht höher als 1,2 Meter und bevor wir mit dem Pflanzen oder Säen beginnen. Beste Voraussetzung sind trockenes, sonniges Wetter und kein Frost. Kompostwürmer, Pilze und Mikroorganismen helfen dabei, dass alles richtig verrottet. Um das Mikroklima stabil zu halten, decken Sie diese Kammer mit einem Kompostvlies ab.

Im dritten Jahr sieben Sie den Kompost mithilfe eines Durchwurfsiebs in die dritte Kammer. Das ausgesiebte Material kommt ganz unten in die neue erste Kammer. Den fertigen Feinkompost aus Kammer drei können Sie ruhig 10 Zentimeter dick auf die Beete ausbringen.

Die Komposterde sollte angenehm riechen, auf keinen Fall faulig oder sauer. Machen Sie zur Sicherheit einen pH-Test. Ein Wert von 6 bis 7 ist ideal für den Gemüsegarten. Mischen Sie saurere Komposterde mit etwas Gartenkalk, so wird sie basischer. Sie können sie aber auch für Rhododendron, Pfingstrosen

Das Dreikammer-system: In der ersten Kammer wird gesammelt, in der zweiten weiter zersetzt, die dritte enthält am Ende den fertigen Feinkompost. Und dann geht's von vorn los ...

oder Heidelbeere verwenden, diese Pflanzen lieben es etwas saurer (pH-Wert von 4 bis 5).

Was nicht auf den Komposthaufen gehört: Fisch oder Fleisch verrottet nur schlecht und lockt Ungeziefer an. Sind Pflanzen krank, haben auch sie Kompostverbot. Große Schnittabfälle und Äste verrotten zu langsam (die wandern auf die Benjeshecke, siehe vorherige Doppelseite). Nur Biofrüchte und -gemüse kompostieren, durch gespritztes Obst und Gemüse holen wir uns unbekannte Gifte in den Garten.

Das gehört drauf: Kaffee und Tee, inklusive Filter, rohe Abfälle von Biogemüse und -obst, Stroh und Streu, Eierschalen, getrockneter Rasenschnitt, Strauch- und Baumschnitt, Laub sowie Rinde und Sägemehl.

Schützen Sie fertigen, nicht mehr benötigten Kompost mit einer Folie oder indem Sie ihn in Säcke füllen, vor Regen, sonst werden die Nährstoffe schnell ausgewaschen.

PFLANZENGESUNDHEIT

Ziehen Sie „gesund" gegen Schädlinge ins Feld

Nützliche tierische Helferlein

Peter Rasch: Für jeden „Bösewicht" bei uns im Garten gibt es den passenden Gegenspieler. Das hat die Natur so eingerichtet. Florfliegen, Marienkäfer, Schlupfwespen – all diese Nützlinge kann man heute bestellen, am besten immer frisch nach Bedarf. Schließlich sind es lebende Tiere, sie müssen innerhalb von zwei bis drei Tagen zum Einsatz kommen.

Rhododendron oder Hortensie sehen aus, als ob jemand mit dem Locher an den Pflanzen war? Dann hat meist der Dickmaulrüssler sein breites Maul im Spiel. Den Käfer können Sie nachts mit der Taschenlampe jagen. Mit etwas Glück fangen Sie ein paar Exemplare. Viel einfacher ist es aber, den Nachwuchs mit Nematoden auszuschalten. Diese mikroskopisch kleinen Würmer leben in Symbiose mit Bakterien, von denen sie sich auch ernähren. Als Brutstätte für ihre Nahrung nutzen sie Larven und Puppen des Dickmaulrüsslers. Nach ein bis zwei Tagen färben sich diese rotbraun und sterben.

Aber wie schicken Sie die Nematoden auf die Jagd? Ganz einfach: Es gibt sie fertig abgepackt, ungefähr zehn Millionen Fadenwürmer in einer Tüte, genug für 20 Quadratmeter. Ein Löffel auf 10 Liter Wasser, einrühren, gießen, fertig. Danach müssen Sie den Boden mindestens zehn Tage gut feucht halten. Die kleinen Fadenwürmer brauchen das, um sich im Boden bewegen und auf Beutezug gehen zu können.

Wenn es heiß wird im Gewächshaus, machen sich gern Blattläuse breit. Also engagiere ich ihre Feinde: Schlupfwespen. Die haben ihre WG in einem kleinen Pappröhrchen, sechs Schlupfwespenarten, die die meisten Blattlausarten bekämpfen. Schlupfwespen leben maximal drei Wochen. Jedes Weibchen legt in dieser Zeit bis zu 300 Eier – in Blattläuse. Daraus schlüpfen neue Wespen, die die Arbeit fortsetzen. Wenn Sie Zierpflanzen haben, die auch unter Blattläusen leiden – einfach ein paar Tage mit ins Gewächshaus stellen.

Die Weiße Fliege ist ein schwieriger Fall im Garten. Mit den Jahren haben sich gegen die Chemiekeule nämlich Resistenzen gebildet. Aber mit der Erzwespe kriegt auch die Weiße Fliege Stress. Die kleinen Pappkarten werden einfach in die Kulturen gehängt. Auf jeder sind gut 100 parasitierte Mumien von Larven der Weißen Fliege. Daraus schlüpfen nach und nach fertige, nur 0,6 Millimeter lange Erzwespen. In drei Wochen Lebenszeit macht ein Weibchen aber gut 250 Larven platt, in die sie nämlich ihre Eier legt. Zusätzliche Larven erbeutet sie, um sich von ihrer Gewebsflüssigkeit zu ernähren.

Nützlinge brauchen wir aber nicht nur, um die „bösen Jungs" zu vernichten. Wenn Pfirsich, Kirsche und Apfel in voller Blüte stehen, fehlt es manchmal an Bestäubern. Um die Blüten kümmern sich Bienen, Fliegen, Käfer und Schmetterlinge. Damit sie sich in unserem Garten wohlfühlen, können wir eine Ecke mit Totholz als Unterschlupf bieten oder einen zum Insektenhotel umfunktionierten Baumstamm.

Die ersten Bestäuber sind die Hummeln. Schon ab 5 Grad sind sie unterwegs, lange vor den Honigbienen. Und im Gegensatz zur Biene fliegt die Hummel auch bei schlechtem Wetter und das bis zu 18 Stunden am Tag. Ein kleines Hummelhotel ist schnell gebaut. Wie man das macht, finden Sie auf der Klappe ganz hinten im Buch.

Die nächsten frühen Bestäuber sind die Wildbienen. Auch sie sind ab 5 Grad, allerdings nur bei schönem Wetter, unterwegs. Besonders wertvoll sind die kleinen Bienchen für die Bestäubung der Obstbäume. Sie fliegen im Zickzack von Baum zu Baum und sorgen so dafür, dass Blütenpollen zu den Nachbarbäumen kommen.

Ihre passende Behausung wird ein alter Holzklotz. Die Nisthilfe sollte aus Laubholz sein. Nadelholz ist viel zu harzig, das ver-

klebt die Flügel. Dort hinein bohre ich Löcher von 2 bis 10 Millimetern, das passt für fast alle heimischen Insekten. Das Holz bohren Sie quer zur Holzfaser an, so bilden sich keine Risse (dort würden sich Pilze und Parasiten einnisten). Wer nicht selbst basteln will, kann auch fertige Nistblöcke kaufen.

Die Nisthilfen für Wildbienen sollten regensicher aufgestellt und möglichst nach Süd-Osten ausgerichtet werden. Stellen Sie die Nester etwas erhöht auf, dann gibt es nicht so schnell Probleme mit Ameisen.

Als Starterkultur kann man die Bienchen auch bestellen. Ich habe Rote und Gehörnte Mauerbienen angeheuert. Diese beiden Arten sind die häufigsten heimischen Wildbienenarten und schlüpfen, sobald es warm wird. Das dauert zwischen zwei Tagen und zwei Wochen. Bei frühlingshaften Temperaturen kann es sein, dass die ersten Bienchen schon auf dem Postweg aus ihren Kokons herauskommen. Wenn das Paket da ist, am besten gleich mal vorsichtig nachschauen. Sind schon Bienen geschlüpft, stellen Sie den Karton für eine Stunde in den Kühlschrank. Die heruntergekühlten Bienen sind dann träger und haben Zeit, sich zu orientieren, ihr neues Zuhause zu finden und sich den Ort einzuprägen. Am besten schneiden oder piksen Sie etwa erbsengroße Löcher in den Karton, damit die Bienchen vor Vögeln geschützt sind, bis sie ihre „Betriebstemperatur" erreicht haben.

Diese Wildbienen sind übrigens Solitärbienen. Das heißt, sie bilden keine Staaten und haben auch keine Königin. Jedes Weibchen sorgt für eigene Nachkommen – etwa 30 Eier legt sie in ihrer drei- bis vierwöchigen Flugphase im Jahr. Da sie kein Volk zu verteidigen haben, sind diese Bienen auch sehr friedlich. Stiche von Wildbienen sind sehr, sehr selten. Und bei den meisten Arten ist der Stachel so kurz, dass er nicht durch die Haut des Menschen reicht. Sie brauchen also keine Angst zu haben, wenn es bei Ihnen im Garten kräftig summt.

Unsere fleißigen Bestäuber be-nötigen einen Unterschlupf – hier ein Holzklotz aus Laubholz mit ein-gebohrten Löchern (oben) für die fried-lichen Wildbienen (unten).

„Man hört immer öfter von Permakultur – was bedeutet das?"

> „In der Permakultur geht es darum, den Planeten zu retten, 100 Jahre alt zu werden, während man eindrucksvolle Dinnerpartys schmeißt und die Natur die meiste Arbeit machen lässt."
>
> Linda Woodrow

Peter Rasch: Das Wort „Permakultur" ist abgeleitet vom englischen Begriff *permanent agriculture*, also „dauerhafter Anbau". Gemeint ist ein nachhaltiger Gartenbau, der natürliche Ökosysteme und Kreisläufe in der Natur nutzt. Geprägt haben den Begriff die Australier Bill Mollison und David Holmgren in den 1970er-Jahren, das Konzept ist also nicht ganz neu. Die beiden verbrachten viel Zeit mit den australischen Ureinwohnern und lernten von ihnen einen respektvollen Umgang mit der Natur kennen.

Alles, was im Garten ist, bleibt im Garten

Die natürlichen Kreisläufe stehen also im Mittelpunkt. Alles, was im Garten ist, bleibt im Garten. Pflanzliches Material wird zu Mulch, Kompost, Dünger verarbeitet. Das funktioniert nicht von heute auf morgen - so ein Gartenkonzept muss sich entwickeln. Aber mit etwas Geduld können Sie Ihren Garten so umbauen, dass Sie mit relativ wenig materiellem Aufwand gute Erträge erzielen - und das nachhaltig und umweltschonend.

Ich empfinde das als einen unheimlich spannenden Ansatz, ganz einfach, weil man sich intensiv mit seinem Garten beschäftigen muss: Was habe ich für einen Boden? Welche Nährstoffe braucht er und wo bekomme ich sie auf natürliche Weise her? Welche Pflanzen verstehen sich, wo befinden sich besonders sonnige oder windige Zonen?

Viele Dinge, die wir schon im Einzelnen in diesem Buch behandelt haben, kommen hier zusammen.

Mischkultur statt Monokultur – das ist in den meisten Gärten sowieso gängige Praxis. Pflanzen, die sich gegenseitig schützen und begünstigen, kommen zusammen: Tagetes mit Tomate, Ringelblume im Gemüsebeet und die Hecke, die meinen Gemüsegarten vor Wind schützt, kann doch auch aus Beerensträuchern sein, von denen ich noch etwas ernten kann ... Es gibt viele Dinge, die sich in der Natur von selbst regulieren, ganz ohne unser Zutun. Und ebendiese Prozesse fördert die Permakultur.

Energie spielt in einem Permakultur-Garten eine große Rolle. Sonnenwärme wird eingefangen mit Gewächshäusern, kleinen, wärmespeichernden Steinmauern oder Hügelbeeten. Regentonnen und Teiche sammeln Wasser, das im Garten so effizient wie möglich verteilt und genutzt wird. Material wird recycelt, oder durch Upcycling für andere Zwecke genutzt. Zum Beispiel sind die Papprollen vom Toilettenpapier ideale Anzuchttöpfe, in denen wir aus selbst geernteten Samen Pflanzen für das neue Gartenjahr vorziehen.

Alles befindet sich in einem ständigen Kreislauf, bei dem möglichst wenig von außen dazugetan oder gar -gekauft werden muss und kein verwertbares Material den Garten verlässt.

„Permakultur ist die Philosophie des Arbeitens mit und nicht gegen die Natur, der fortlaufenden und überlegten Beobachtung und nicht des langwierigen und gedankenlosen Handelns; sie betrachtet Pflanzen und Tiere in all ihren Funktionen, anstatt jeden Bereich als einzelnes Produktionssystem zu sehen."

Bill Mollison

PFLANZENGESUNDHEIT

133

Und das kommt zum Schluss

Hier finden Sie alles, was Sie sonst noch wissen müssen: nützliche Listen und hilfreiches Wissen auf einen Blick und zum fixen Nachschlagen im Buch. Viel Spaß (und bloß keinen Stress) beim erfolgreichen Gärtnern!

So bepflanzen Sie Ihr Gemüsebeet richtig

Pflanze	Gute Nachbarn	Schlechte Nachbarn
Buschbohnen	Bohnenkraut, Erdbeeren, Gurken, Kartoffeln, Kohlarten, Kohlrabi, Kopfsalat, Pflücksalat, Rote Bete, Sellerie, Tomaten	Erbsen, Fenchel, Knoblauch, Lauch, Zwiebeln
Endivie	Fenchel, Kohlarten, Lauch, Stangenbohnen	
Erbsen	Dill, Fenchel, Gurken, Kohlarten, Kohlrabi, Kopfsalat, Mais, Möhren, Radieschen, Zucchini	Bohnen, Kartoffeln, Knoblauch, Lauch, Tomaten, Zwiebeln
Erdbeeren	Borretsch, Buschbohnen, Knoblauch, Kopfsalat, Lauch, Radieschen, Schnittlauch, Spinat, Zwiebeln	Kohlarten
Fenchel	Endivien, Erbsen, Feldsalat, Gurken, Kopfsalat, Pflücksalat, Salbei, Zuckerhut, Chicorée, Radicchio	Dill, Bohnen, Kümmel, Tomaten
Gurken	Bohnen, Dill, Erbsen, Fenchel, Kohl, Kopfsalat, Koriander, Kümmel, Lauch, Mais, Rote Bete, Sellerie, Zwiebeln	Radieschen, Tomaten
Kartoffeln	Dicke Bohnen, Kamille, Kapuzinerkresse, Kohlarten, Kohlrabi, Kümmel, Mais, Meerrettich, Pfefferminze, Spinat, Tagetes	Erbsen, Kürbis, Rote Bete, Sellerie, Sonnenblumen, Tomaten
Knoblauch	Erdbeeren, Gurken, Himbeeren, Lilien, Möhren, Obstbäume, Rosen, Rote Bete, Tomaten, Tulpen	Erbsen, Kohlarten, Stangenbohnen
Kohlarten	Beifuß, Bohnen, Dill, Endivien, Erbsen, Kamille, Kartoffeln, Kopfsalat, Koriander, Kümmel, Lauch, Mangold, Pfefferminze, Pflücksalat, Rote Bete, Sellerie, Spinat, Tomaten	Erdbeeren, Senf, Knoblauch, Zwiebeln
Kohlrabi	Bohnen, Erbsen, Kartoffeln	
Kopfsalat	Bohnen, Dill, Erbsen, Erdbeeren, Fenchel, Gurken, Kerbel, Kohlarten, Kohlrabi, Kresse, Lauch, Mais, Möhren, Pfefferminze, Radieschen, Rote Bete, Schwarzwurzeln, Spargel, Tomaten, Zichoriensalate, Zwiebeln	Petersilie, Sellerie
Lauch	Endivien, Erdbeeren, Kamille, Kohlarten, Kohlrabi, Kopfsalat, Möhren, Schwarzwurzeln, Sellerie, Tomaten	Bohnen, Erbsen, Rote Bete

Mais	Bohnen, Gurken, Kartoffeln, Kopfsalat, Kürbis, Melonen	
Mangold	Buschbohnen, Kohlarten, Möhren, Radieschen, Rettich	
Meerrettich	Kartoffeln, Obstbäume	
Möhren (Karotten)	Dill, Erbsen, Knoblauch, Lauch, Mangold, Radieschen, Rettich, Rosmarin, Salbei, Schnittlauch, Schnittsalat, Schwarzwurzeln, Tomaten, Zichoriensalate, Zwiebeln	
Pflücksalat/ Schnittsalat	Dill, Fenchel, Kohlarten, Radieschen, Rettich, Rote Bete, Schwarzwurzeln, Spargel, Tomaten	
Radieschen/ Rettich	Bohnen, Erbsen, Kapuzinerkresse, Kohlarten, Kohlrabi, Kopfsalat, Kresse, Mangold, Möhren, Spinat, Tomaten	Gurken
Rote Bete	Buschbohnen, Dill, Gurken, Knoblauch, Kohlarten, Kohlrabi, Koriander, Kümmel, Pflücksalat, Zucchini, Zwiebeln	Kartoffeln, Lauch, Mais, Spinat
Schwarzwurzeln	Kohlrabi, Kopfsalat, Lauch, Pflücksalat	
Sellerie	Buschbohnen, Gurken, Kamille, Kohlarten, Lauch, Tomaten	Kartoffeln, Kopfsalat, Mais
Sonnenblumen	Gurken	Kartoffeln
Spargel	Gurken, Kopfsalat, Petersilie, Pflücksalat, Tomaten	Knoblauch, Zwiebeln
Spinat	Erdbeeren, Kartoffeln, Kohlarten, Radieschen, Rettich, Sellerie, Stangenbohnen, Tomaten	
Tomaten	Basilikum, Buschbohnen, Kapuzinerkresse, Knoblauch, Kohlarten, Kohlrabi, Kopfsalat, Lauch, Mais, Möhren, Petersilie, Pflücksalat, Radieschen, Rettich, Rote Bete, Sellerie, Spinat, Zichoriensalate	Erbsen, Fenchel, Kartoffeln
Zichoriensalate	Fenchel, Kopfsalat, Möhren, Stangenbohnen, Tomaten	
Zucchini	Kapuzinerkresse, Mais, Rote Bete, Stangenbohnen, Zwiebeln	
Zwiebeln	Bohnenkraut, Dill, Erdbeeren, Gurken, Kamille, Kopfsalat, Möhren, Rote Bete, Schwarzwurzeln, Zichoriensalate	Bohnen, Erbsen, Kohlarten

Pflanzenfamilien für die Vierfelderwirtschaft

Pflanzenfamilie	Starkzehrer	Mittelzehrer
Doldenblütler	Sellerie, Liebstöckel, Schnittsellerie	Möhren, Fenchel, Wurzelpetersilie, Pastinaken, Zuckerwurzeln
Gänsefußgewächse		Mangold, Spinat, Rote Bete
Hülsenfrüchtler (Schmetterlingsblütler)		Stangenbohnen
Korbblütler	Artischocken, Tagetes	Schwarzwurzel, Salat, Endivien, Haferwurzel, Topinambur, Wurzelzichorien, Pflücksalat, Chicorée, Radicchio
Kreuzblütler	Weißkohl, Rotkohl, Blumenkohl, Wirsing, Chinakohl, Brokkoli, Rosenkohl	Radieschen, Kohlrabi, Rettich, Mairübchen, Mizuna, Pak Choi, Speiserüben, Steckrüben, Teltower Rübchen
Knöterichgewächse	Rhabarber	Buchweizen
Kürbisgewächse	Melonen, Zucchini, Gurken, Auberginen, Kürbis	
Liliengewächse	Lauch	Knoblauch, Zwiebeln, Porree, Schnittlauch
Lippenblütler		Minze, Knollen-Ziest
Nachtschattengewächse	Kartoffeln, Tomaten, Paprika, Tomatillo, Chili	Paprika
Süßgräser	Zuckermais	Mais, Winterroggen
Raublattgewächse		

RSM (Regelsaatgutmischungen)

Schwachzehrer	Gründüngung
Zwiebeln, Petersilie, Dill, Anis, Gewürzfenchel, Kerbel, Koriander	
Melden, Guter Heinrich, Spinat Erdbeerspinat	
Buschbohnen, Erbsen	Lupinen, Wicken, Klee, Luzernen, Serradella
Feldsalat, Ringelblume, Stevia	Sonnenblumen
Kresse, Radieschen, Rucola	Ölrettich, Gelbsenf, Raps
Blutampfer	Buchweizen, Malven
Bärlauch	
Thymian, Majoran, Salbei, Basilikum, Bohnenkraut, Melisse, Oregano	
	Roggen
Borretsch	Phacelia

RSM 1.1 Zierrasen

RSM 2.1 Gebrauchsrasen „Standard"

RSM 2.2 Gebrauchsrasen „Trockenlage"

RSM 2.3 Gebrauchsrasen „Spielrasen"

RSM 2.4 Gebrauchsrasen „Kräuterrasen"

RSM 3.1 Sportrasen „Neuanlage"

RSM 3.2 Sportrasen „Regeneration"

RSM 4.1 Golfrasen „Grün"

RSM 4.2 Golfrasen „Vorgrün"

RSM 4.3 Golfrasen „Abschlag"

RSM 4.4 Golfrasen „Spielbahnen"

RSM 4.5 Golfrasen „Halbrauhflächen"

RSM 4.6 Golfrasen „Verbindungswege"

RSM 5.1 Parkplatzrasen

RSM 6.1 Extensive Dachbegrünung

RSM 7.1.1 Landschaftsrasen „Standard ohne Kräuter"

RSM 7.1.2 Landschaftsrasen „Standard mit Kräutern"

RSM 7.2.1 Landschaftsrasen „Trockenlagen ohne Kräuter"

RSM 7.2.2 Landschaftsrasen „Trockenlagen mit Kräutern"

RSM 7.3.1 Landschaftsrasen „Feuchtlagen ohne Kräuter"

RSM 7.4.1 Landschaftsrasen „Halbschatten ohne Kräuter"

Stichwortverzeichnis

Alle Fragen im Überblick

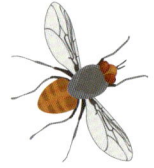

1. Kapitel: Rasen und Zierpflanzen

2. Kapitel: Obst und Gemüse

3. Kapitel: Pflanzengesundheit

Und das kommt zum Schluss:
hilfreiches Wissen auf einen Blick

ALLE FRAGEN IM ÜBERBLICK

ZU DEM AUTOR

Peter Rasch, Spezialist für Zierpflanzen, Gemüse und ökologisches Gärtnern, ist 1971 in Civitz geboren und Gärtner in fünfter Generation. Mit jungen 23 Jahren gründete er seine eigene Gärtnerei Rasch in Plate bei Schwerin – ein Familienbetrieb mit heute sechs Angestellten. Seit 2010 präsentiert Rasch die Gartentipps im Nordmagazin vom NDR – bisher fast 300 Folgen! – und ist der Gartenexperte der Sendung „Der schönste Kleingarten des Nordens". Im Jahr 2019 kamen dann die „Garten-Docs" hinzu.

IMPRESSUM

Hinter jedem tollen Buch steckt ein starkes Team

Projektleitung: *Ines Alms*
Texte: *Peter Rasch, Udo Tanske, Frank Wonglorz, Steffen Behrendt*
Lektorat: *Nina Schnackenbeck*
Redaktionelle Mitarbeit: *Friederike Wanzner*
Grafische Gestaltung und Satz: *Julia Arzberger*
Fotografie: *Udo Tanske (andere siehe Bildnachweis)*
Illustrationen: *Monika Gollasch (Klappe vorne außen); andere Shutterstock*
Herstellung: *Frank Jansen*
Producing: *Jan Russok*
Druck & Bindung: *optimal media GmbH, Röbel*

In Zusammenarbeit mit und lizenziert durch nonfictionplanet GmbH, Hamburg
© NDR – lizenziert durch Studio Hamburg Enterprises GmbH

3. Auflage 2023
© 2020 Edel Verlagsgruppe GmbH
Kaiserstraße 14 b
D–80801 München
ISBN: 978-3-96584-033-1

BILDNACHWEIS

Nonfictionplanet: 31, 35, 36, 39, 73 u., 87, 93, 113, 123